徹底研究

ドクターマーケット開拓術

Doctors Market
Development

◆ はじめに ◆

　全国にドクターは約33万人。平均年収は1,169.2万円。多くのドクターが安定した高年収であり、全国地域問わず必要不可欠な存在です。このような業種は極めて珍しく、医師以外にはいないといっても過言ではないでしょう。

　今回、このドクターに焦点を当て、ドクターマーケットの状況と開拓方法について執筆する機会を得ることができました。ドクターというと敷居が高いように感じられるかもしれませんが、彼らは彼らなりの悩みを抱えています。そうした悩みを解決するのは、結局人間でしかありません。同じ人ですから、決して敷居が高いと捉えるのではなく、ドクターに寄り添えるような間柄になることは誰でも可能と捉えるべきです。逆に言えば、敷居が高いと感じ、金融商品の提案などを行うことができていないケースも多々あるとも想定できます。開拓のしがいは大いにあると思われます。

　ドクターのみならず、富裕層は富裕層なりの悩みがあり、そうした悩みを知ることで、皆さんのマーケットは大きく広がることでしょう。

　本書では、前半に富裕層全体の状況や興味のある事柄などを説明し、後半でドクター関連の知識、開拓方法を記載しています。まずはドクターマーケットの開拓を行っていただき、その後、会社経営者など他の富裕層開拓にも応用できるような配慮もしています。

　本書は、銀行や信用金庫などの金融機関の役職員の方をはじめ、証券会社、保険会社、不動産会社、FP会社、その他ドクターを顧客としたい営業マン向けに執筆したものです。そのため、金融資産、保険、相続、教育などが中心となっています。とはいえ、ドクターが嗜好す

るものなど、幅広く取り扱うことで、他業界でも十分活用できる内容
と考えます。是非、皆様にとって何かしらプラスになれば幸いです。
また、少しでも営業開拓に自信がつき、次のステップへと歩んでいか
れることを期待しております。

2020年8月

ファイナンシャル・プランナー

伊藤　亮太

CONTENTS

第三部　ドクターの実態

第四部　ドクターマーケットの開拓法

第五部　ドクターへの提案術

第一部

富裕層ってどんな人？

第一部　富裕層ってどんな人?

100万米ドル以上を保有するミリオネアは、日本で300万人を超えている

◉ 富の総額が100万米ドル以上の人を"ミリオネア"と呼ぶ

　ドクターといえば、勤務医であろうと開業医であろうと、富裕層の仲間入りを果たしていく人が多いのは紛れもない事実です。

　日本の富裕層のなかでも、職業で分けた場合に、真っ先にドクターをイメージする人が多いのでないでしょうか。

　詳しい内容は後述するとして、まずは日本の富裕層の状況を説明します。日本全体で、どのぐらいの数の富裕層が存在するのでしょうか。

　さまざまな統計データがあるうえに、富裕層の定義をどのように捉えるかによってその数は異なります。実は、富裕層に確定した定義はありません。そのため、新聞やニュース、雑誌などのメディアで富裕層の記事を読む場合には、富裕層をどのように定義づけているかを確認する必要があります。

　ここでは、世界中の富裕層を相手にプライベートバンキング業務を展開しているクレディ・スイスが公表する富裕層の定義を紹介したいと思います。

　クレディ・スイスでは、金融資産と非金融資産(主に不動産)の合計から家計の負債を差し引いた額を「富」と定義し、この富が総額100万米ドル以上を有する人を富裕層(ミリオネア)と定義づけています。

　クレディ・スイスによれば、総額100万ドル以上の富を有する日本の富裕層の数は、2019年で302.5万人と想定しています(**図表１**)。

■ 図表 1　主要国・地域別のミリオネア数（2018年および2019年）と
　　　　　 2018年からの増減数

(単位：千人)

国・地域名	2018年	2019年	増減
アメリカ	17,939	18,614	675
日本	**2,838**	**3,025**	**187**
中国	4,289	4,447	158
ドイツ	2,122	2,187	65
オランダ	789	832	43
ブラジル	217	259	42
インド	725	759	34
スペイン	945	979	33
カナダ	1,293	1,322	30
スイス	791	810	19
ギリシャ	76	68	▲7
フランス	2,083	2,071	▲11
香港	528	516	▲12
サウジアラビア	163	147	▲16
イタリア	1,516	1,496	▲19
トルコ	118	94	▲24
イギリス	2,488	2,460	▲27
オーストラリア	1,303	1,180	▲124
世界全体	45,647	46,792	1,146

(出所) クレディ・スイス『2019年グローバル・ウェルス・レポート』をもとに作成

この数は、米国、中国に次ぐ人数です。世界全体のミリオネアは
4,700万人と想定されているため、富裕層全体の6.43％を日本人が
占めており、決して少ない数ではないことがわかります。

　ミリオネアの数で断トツに多いのがアメリカです。その数1,861.4
万人。世界のミリオネアのうち39.6％がアメリカにいるのです。実
は富裕層の数第2位の中国から第9位のオーストラリアまでの8ヵ国
のミリオネアを足した数とほぼ変わりません。ミリオネアという視点

からいえば、アメリカ一強というのが現状です。

　ただし、ここにきて中国の躍進が止まりません。数でいえばまだまだアメリカには追いつけませんが、世界の資産総額トップ10％に名を連ねた人の数ではアメリカを抜いています。今後数十年のスパンで見た場合、富裕層の数においても米中逆転が起こるかもしれません。

◉ 相続件数の増加が日本における富裕層を増やしている

　さて、日本の富裕層の内容に戻りましょう。

　日本でも富裕層の数は増加しています。これは、株高や地価上昇、収入増といった理由のほか、相続による資産継承といった側面もあります。特にドクターの場合、収入増・資産増加、相続のいずれの観点からも富裕層となる側面があります。

　厚生労働省「令和元年（2019）人口動態統計の年間推計」によると、令和元年における日本の死亡者推定数は137.6万人。今後、毎年死亡者数が増加の一途をたどると予想されるため、相続発生件数も増加が予測されています。相続により次世代へ資産が受け継がれることになりますが、数人で資産を継承するケースも少なくないことでしょう。そのため、結果的に相続資産により日本の富裕層が増加するケースも多いと思われます。

2. 日本の富裕層の状況 ❷

金融資産1億円超を富裕層、5億円超を超富裕層と呼ぶ

◉ 日本における保有金融資産約1億円超の富裕層は約110万人

クレディ・スイス以外の調査についても確認しておきましょう。

ボストンコンサルティンググループが公表した『2019年版グローバルウェルス・レポート』では、保有金融資産100万ドル（約1億円）超を保有する人を富裕層と定義しています。

2018年には世界で2,210万人の富裕層が存在し、うち日本の富裕層は約110万人と予想されています。日本の富裕層は、アメリカ（約1,470万人）、中国（約130万人）に次いで多い数となっています（図表2）。

世界の富裕層人口のおよそ3分の2はアメリカに集中しているものの、2023年にかけてアジアやアフリカの富裕層が増加、全体で2,760万人まで富裕層人口は拡大するとしています。

◉ 富裕層は118.3万世帯、超富裕層は8.4万世帯

次に、野村総合研究所の推計結果を確認していきましょう。

野村総合研究所では、預貯金、株式、債券、投資信託、一時払い生命保険や年金保険など、世帯として保有する金融資産の合計額から負債を差し引いた「純金融資産保有額」をもとに、日本の総世帯を五つの階層に分類し、階層ごとの世帯数と資産保有額を推計しています。

このうち、純金融資産保有額が1億円以上5億円未満を富裕層、5億円超を超富裕層と定義しています。2017年においては、富裕層

が118.3万世帯、超富裕層が8.4万世帯であり、日本の富裕層・超富裕層は2000年以降最多となっています（**図表3**、**図表4**）。

　日本の富裕層、超富裕層が保有する純金融資産は、富裕層で215兆円、超富裕層で84兆円です。景気拡大、株価上昇に伴い、2015年から2017年にかけて富裕層、超富裕層の合計で9.9％（27兆円）もの純金融資産を増加させているのです。

　逆に言えば、資産規模は経済環境や株価動向、地価動向などに左右されるということ。

　2020年に入ってからは、コロナショックに伴い資産を減らしている可能性もあります。ドクターをはじめ富裕層は、日本ならびに世界経済情勢、経済政策動向に関心を寄せており、こうした方々にいかに現状を説明し、どう対応していけばよいかアドバイスを求めるニーズは高まっているのです。

　いかに富裕層のニーズを読み取り、早くからアドバイスならびに提案、アフターフォローをしていくかが今後のカギとなることでしょう。

■ 図表 2　富裕層の約 3 分の 2 はアメリカ在住

富裕層（金融資産100万ドル超）人口　上位10ヵ国

富裕層人口　（100万人）	人口に占める割合	世界の富裕層人口におけるシェア
アメリカ　14.7	5.9%	66.6%
中国　1.3	0.1%	5.8%
日本　1.1	**1.1%**	**4.9%**
スイス　0.5	7.5%	2.2%
イギリス　0.4	0.9%	2.0%
ドイツ　0.4	0.6%	1.8%
フランス　0.4	0.8%	1.8%
カナダ　0.4	1.4%	1.8%
イタリア　0.4	0.8%	1.7%
台湾　0.2	1.3%	1.1%

超富裕層（金融資産1億ドル超）人口　上位10ヵ国

超富裕層人口　（1,000人）	世界の超富裕層人口におけるシェア
アメリカ　14.9	34.8%
中国　4.3	10.1%
ドイツ　2.3	5.2%
フランス　2.0	4.7%
イタリア　1.7	4.0%
日本　1.5	**3.5%**
カナダ　1.4	3.3%
イギリス　1.1	2.5%
台湾　1.0	2.4%
スペイン　0.9	2.1%

（注）人口は成人人口で計算
（出所）ボストンコンサルティンググループ・プレスリリース「世界全体の家計金融資産は205.9
　　　兆ドル、富裕層人口は約2,210万人〜BCG調査」（2019年6月21日）

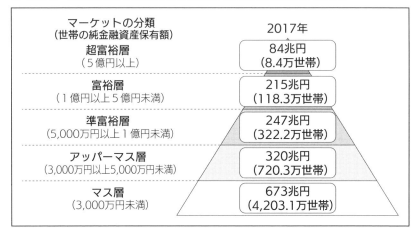

（出所）国税庁「国税庁統計年報書」、総務省「全国実態調査」、厚生労働省「人口動態調査」、国立社会保障・人口問題研究所「日本の世帯数の将来推計」、東証「TOPIX」および「NRI生活者1万人アンケート調査（金融編）」、「NRI富裕層アンケート調査」などからのNRI推計に基づき作成

▨ 図表 4　純金融資産保有額の階層別にみた保有資産規模と世帯数の推移
　　　　　（2000年～2017年の推計結果）

〈分類〉		2000年	2003年	2005年	2007年	2009年	2011年	2013年	2015年	2017年
超富裕層	純金融資産（兆円）	43	38	46	65	45	44	73	75	84
	世帯数（万世帯）	6.6	5.6	5.2	6.1	5.0	5.0	5.4	7.3	8.4
富裕層	純金融資産（兆円）	128	125	167	189	150	144	168	197	215
	世帯数（万世帯）	76.9	72.0	81.3	84.2	79.5	76.0	95.3	114.4	118.3
準富裕層	純金融資産（兆円）	166	160	182	195	181	196	242	245	247
	世帯数（万世帯）	256.0	245.5	280.4	271.1	269.8	268.7	315.2	314.9	322.2
アッパーマス層	純金融資産（兆円）	201	215	246	254	225	254	264	282	320
	世帯数（万世帯）	575.1	614.0	701.9	659.8	639.2	638.4	651.7	680.8	720.3
マス層	純金融資産（兆円）	503	519	512	470	480	500	539	603	673
	世帯数（万世帯）	3,760.5	3,881.5	3,831.5	3,940.0	4,015.8	4,048.2	4,182.7	4,173.0	4,203.1

（出所）同上

■ 3．富裕層の年齢・性別内訳

日本における富裕層は、
50歳代後半から70歳代の男性が中心

◉ 富裕層の大半が50代後半以降

　日本の富裕層の属性はどのような状況でしょうか。ボストンコンサルティンググループ「グローバル・ウェルスレポート」と株式会社JTB総合研究所「富裕層の価値観と旅行」をもとに説明します。

　JTB総合研究所によれば、日本の富裕層の大半が50代後半以降と推計されています。56歳〜65歳が36.3万人、66歳〜75歳が35.2万人、76歳以上が16.5万人。実に日本の富裕層（グローバル・ウェルスレポート引用、金融資産100万米ドル以上保有者。110万人と推計）のうち80％が50代後半以降の方であることがわかります。30歳以下は1.1万人であり、若年者が占める割合はかなり低いのが現状です（図表5）。

　これは当然のことといえるでしょう。一般的に、子育てを終えた世代では資金にゆとりができ、また老後資金設計という観点から資金を貯める傾向があるほか、年功序列の場合にはどうしても40代後半〜50代で年収が高くなるため、富裕層の割合が高まるのです。富裕層開拓では、日本の場合、どうしても50代後半以降が大きなターゲットとなります。まずはそこから開拓するのが効率的といえます。

◉ 男性が6割、女性が4割

　JTB総合研究所「富裕層の価値観と旅行」では、日本の富裕層を「世帯年収3,000万円以上あるいは世帯金融資産5,000万円以上の個人」

と定義しています。この調査レポートでは、日本の富裕層の60.3％が男性であり、39.7％が女性となっています（**図表6**）。

　少し古いデータですが、キャップジェミニとメリルリンチ・ウェルスマネジメントによる「ワールド・ウェルス・レポート2011（日本語版）」によると、日本の富裕層のうち男性が69％、女性が31％となっています。おおよそ男女比6対4ないしは7対3ほどの比率であると想定できます。女性の比率が意外に高いと感じる人もいるかもしれません。経営者やドクターで資産が多いといったケースのほか、夫が先に亡くなり相続で資産を受け継ぐケースも多いのではないかと考えられます。

　JTB総合研究所によれば、富裕層の65.6％が50代以上。富裕層の居住地域は関東がおよそ半分、中部、近畿地方を合わせると82.8％を占め、大都市圏に集中していることがわかります。

■ 図表5　年齢別富裕層人口（推計）

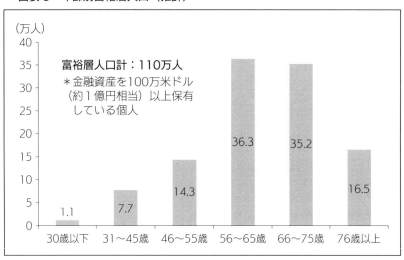

※グローバルウェルスレポート、総務省人口統計よりJTB総合研究所推計
（出所）JTB総合研究所「富裕層の価値観と旅行」（2019年12月10日）

■ 図表 6　日本の富裕層の性別、年齢、居住地域

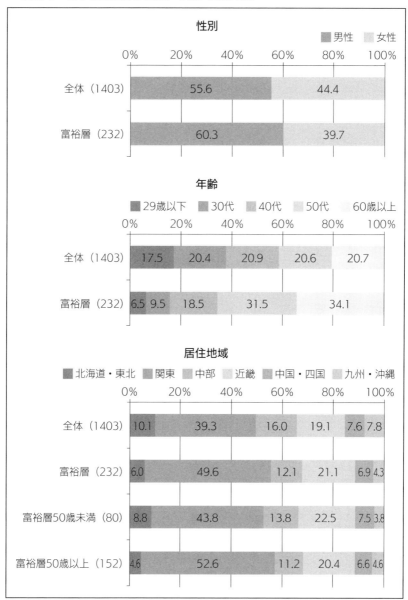

（出所）JTB総合研究所「富裕層の価値観と旅行」（2019年12月10日）

富裕層には、キャッシュリッチで、投資に積極的な傾向がある

◉ キャッシュリッチ＆投資に積極的なドクター

日本の富裕層を「キャッシュリッチかどうか」、「投資に積極的かどうか」という２つの観点からおおまかに区別したのが**図表7**です。皆さんが一般的な営業という立場から確認するならば、まずは「キャッシュリッチ」かつ「投資に積極的」な富裕層のグループをおさえるべきです。

キャッシュリッチでかつ投資に積極的な富裕層として、ぜひとも顧客にしたいのが、今回のテーマでもある「医師」です。勤務医、開業医ともに富裕層もしくは他の職業よりは高給であることを鑑みれば、富裕層の市場のなかでもその存在はかなり大きいといえます。

詳細は後述しますが、厚生労働省「平成30年（2018年）医師・歯科医師・薬剤師調査の概況」によると、平成30年12月31日現在における全国の届出「医師数」は327,210人であり、男性が255,452人（総数の78.1％）、女性が71,758人（同21.9％）となっています。

実は、医師の数は平成28年の届出数に比べて7,730人増加しています。高給が期待できる医師が全国にいることを考えると、どの地域でもニーズをくみ取り顧客に是が非でもすべきでしょう。

◉ 弁護士の収入には意外と幅がある

次に、弁護士はどうでしょうか。日本弁護士連合会「弁護士白書2019年版」によれば、2019年３月31日現在で弁護士（正会員）の

数は、４万1,118人となっており、10年間で1.5万人ほど増加しています。医師と比べると、弁護士の数は８分の１ほどです。

　また、弁護士のなかでの収入差は大きいといわれており、一部の弁護士の収入・所得が高いといわれています。

　法務省「法曹の収入・所得、奨学金等調査の集計結果（平成28年７月）」によれば、弁護士の収入（平均値）は平成27年分で1,491万円（６年目以降の平均は2,012万円）、所得は716万円（同917万円）となっています。中央値にすると収入が1,068万円（同1,556万円）、所得が537万円（同727万円）と、高収入の弁護士だけではなく、なかには収入の高くない弁護士もいることがうかがえます（**図表8**）。

　このほか、外資系金融機関に勤める会社員や、企業経営者も富裕層の仲間入りとなるケースが多くあります。ただし、ケースバイケースであり、必ず富裕層入りするかと言えばそういうわけでもありません。富裕層入りする確度が最も高いのはやはりドクターなのです。

■ 図表７　日本の富裕層のおおまかな属性

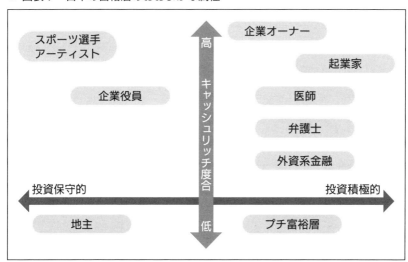

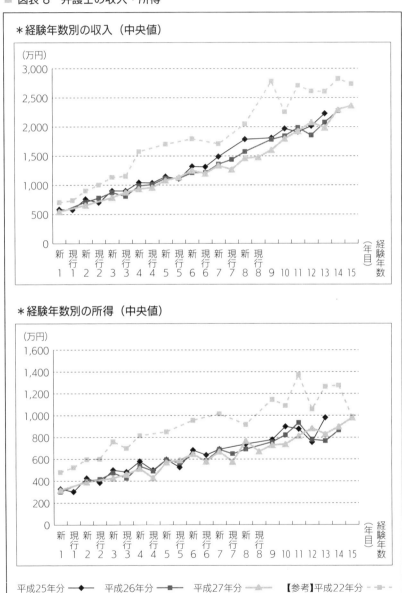

＊経験年数別の収入（中央値）

＊経験年数別の所得（中央値）

凡例: 平成25年分 —◆— 平成26年分 —■— 平成27年分 —▲— 【参考】平成22年分 -■-

（出所）法務省「法曹の収入・所得，奨学金等調査の集計結果」（平成28年7月）

5．富裕層の四つの特徴

「お金持ち歴が浅い」「目立ちたがらない」
「忙しい」「換金しにくい資産を持つ」

● アプローチに活かせる富裕層ならではの特徴

　富裕層顧客を開拓するためには、富裕層ならではの特徴を捉えておく必要があります。必ず当てはまるというわけではありませんが、富裕層には主に四つの特徴があると考えられます。それぞれ状況に合わせたアドバイスをするなど、機転をきかせた営業が重要になってきます。

　一つめの特徴が、超富裕層（金融資産5億円超）の多くの人が「お金持ち歴が浅い」ということ。どちらかといえば、代々受け継いできた資産を所有する資産家は少ない傾向にあります。これは、相続税等の影響があると考えられます。

　一方、ご自身で財産を築いてきた人が多く、特に1,000億円以上の金融資産を保有する富裕層のほとんどは起業家です。一代で財産を成し遂げているのです。

　こうした起業家などの超富裕層には、多くの場合で顧問税理士や顧問弁護士、資産運用のアドバイザー、金融機関などがついています。ただし、誰か一人に意見を求めるよりは複数のアドバイスを求める傾向にあります。そのため、皆さんが他の専門家と異なる内容のアドバイスや提案ができるなど、提案内容に新鮮味があれば、超富裕層を顧客とすることができる可能性はあるのです。

　ドクターも、代々続くケースもあれば一代で財をなすケースもあります。それぞれの現状に合わせてニーズをくみ取ることが大切です。

二つめの特徴が、あまり目立ちたがらない傾向にあること。特に超富裕層ほどそうした傾向が強いように感じます。もちろん、なかには派手な方もいらっしゃいますが、普段の生活はいたって質素だったりします。見栄を張ることなく、住まいや自動車を除けば、生活スタイルは一般層とあまり変わらなかったりする側面も見受けられます。ドクターは、派手な生活をおくる方と質素な生活をされる方に分かれます。外見だけで判断されないほうがよいでしょう。

　三つめの特徴が、富裕層は仕事等で忙しく、なかなか時間がとれないこと。生涯現役で働く人も多く、なかなかお会いする機会をいただけないということがあるかもしれません。逆に言えば、仕事に忙しく、娯楽に使う時間もなかなかとれないといったケースもあるため、キャッシュリッチな方も多くいます。自宅や自動車などにお金をかけているケースは、お金を使う時間がなかなかとれないからというのが実情なのかもしれません。ドクターはまさにこうした傾向があるのではないかと想定されます。

　四つめの特徴が、意外にも富裕層の資産は換金しにくいものが多いかもしれないということ。特に、中小企業の経営者の場合、経営者自身の資産の大半を会社につぎ込むケースも多く、自社株が唯一の大きな資産であるという方も大勢いらっしゃいます。地主であれば、土地がほとんど、開業医であれば設備にお金をかけているケースは十分考えられます。この場合には、決してキャッシュリッチとは言えないのです。こうした方々には、例えば相続対策として保険販売につなげる、いざとなった時の資金を確保するアドバイスを行うなど、対応する必要があります。

　皆さんがどういった形で富裕層と付き合うかにより、対応、提案内容も変えていく必要があります。

■ 図表9　超富裕層と富裕層の違い

	超富裕層	富裕層
資産への考え方	資産防衛	資産拡大
立ち位置	表に出ない	表に出るカリスマ的存在
金銭感覚	普段の生活は質素 車や自宅にはお金をかける 傾向あり	見せびらかし消費を 行う場合がある
社会貢献	寄付など積極的	なかには消極的な人もいる
学歴・教養	名門志向、礼儀に厳しい	学歴は関係ない場合もある

※あくまで傾向のため、必ずしもそうとは言えない部分がある。

■ 図表10　富裕層の四つの特徴

(1)お金持ち歴が浅い

(2)あまり目立ちたがらない

(3)なかなか時間がとれない

(4)換金しにくい資産が多い

「資産防衛」「教育」「エンターテイメント」「アンチエイジング」「セキュリティ」

◉ 富裕層がお金をかけるニーズを知っておく

　富裕層の五大ニーズと聞いて、皆さんは何を思い浮かべますか？五大ニーズは、いずれも富裕層だからこそ特にお金をかけるものです。このニーズを皆さんがくみ取り、ビジネスで利用されるのもよいでしょう。ドクターにそれぞれのアドバイザーを紹介したり、商品を紹介するのもよいと思います。

　一つめが「資産防衛」です。決して資産運用ではありません。資産を増やすことも大切なことですが、富裕層にとっては資産をいかに守るかが重要なのです。欧米では数百年前から代々資産を守り受け継がれてきた経緯があります。一方、日本では、こうした動きはせいぜい数十年程度です。こうした歴史的な背景から、日本の富裕層のなかには歴史や信用のある欧米のプライベートバンクを利用する方も多くいらっしゃいます。なお、決して欧米のプライベートバンクだけがこのニーズを取り込める唯一の機関というわけではありません。日本の金融機関をはじめ、FA、FPなども可能性のある職種です。

　二つめが「教育」です。子どもや孫など次の世代が不自由なく暮らすことができるように、また資産をうまく承継するために、教育にはとことんお金をかける傾向があります。特に、親がドクターの場合には、子どもを医学部に進学させたいニーズは強くあります。たとえ予備校や塾、私立の進学校への教育費がかかろうとも惜しみもなくお金をかける傾向があります。最近では、一流の小中高校、大学へ進学さ

せたいというニーズのほか、海外の名門校やインターナショナルスクールに通わせる富裕層も増えています。国内外を視野に入れた教育に関する情報を集め、お客様に情報提供されてもよいかもしれません。

　三つめが「エンターテイメント」です。シニアの富裕層の場合、時間にゆとりがあり、旅行にお金をかける傾向があります。国内旅行であれば、高級旅館への宿泊、ななつ星などの豪華列車が人気です。国内旅行では10万円から、海外旅行では50〜100万円の旅行を中心に検討される方も多いようです。その他、グルメ満喫、高級ブランドのショッピングなど、自由な時間を持てる富裕層ならではの消費も増加しています。

　四つめが「アンチエイジング」です。女性だけといったものではありません。美容、健康、若返りのために老若男女問わずお金をかける方はいます。特に40代以上の経営者がお金をかける傾向にあります。具体的には、エステやリラクゼーション、アロマテラピー、サプリメントなどにお金をかけています。

　五つめが「セキュリティ」です。今や富裕層を中心に、自宅にセキュリティシステムを設置するのは当たり前となっています。また、タワーマンションなどの場合、オートロック形式で警備員が常駐しているといったケースが富裕層には好まれるようです。犯罪トラブルを防ぐ点に重点が置かれています。

　以上、五大ニーズに関して説明しました。皆さんがこのニーズのどれかを取り扱うということであれば、まさに富裕層ビジネスに適合しています。また、直接取り扱わなかったとしても、取り次ぎを行うことでさらなるビジネス展開をはかることも可能です。そのためには、富裕層ニーズを把握し、その悩みを解決すべくコンサルティング能力

を養うことが大切です。

■ 図表11　富裕層の生活や価値観

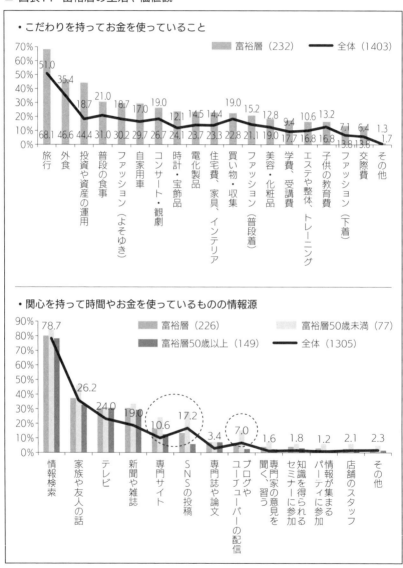

・こだわりを持ってお金を使っていること

富裕層（232）　　全体（1403）

項目	富裕層	全体
旅行	68.1	51.0
外食	46.6	35.4
投資や資産の運用	44.4	18.7
普段の食事	31.0	21.0
ファッション（よそゆき）	30.2	18.7
自家用車	29.7	17.0
コンサート・観劇	26.7	19.0
時計・宝飾品	24.1	12.1
電化製品	23.7	14.5
住宅費、家具、インテリア	23.3	14.4
買い物・収集	22.8	19.0
ファッション（普段着）	21.1	15.2
美容・化粧品	19.0	12.8
学費、受講費	17.7	9.4
エステや整体、トレーニング	16.8	10.6
子供の教育費	16.8	13.2
ファッション（下着）	13.8	7.1
交際費	13.8	6.4
その他	1.7	1.3

・関心を持って時間やお金を使っているものの情報源

富裕層（226）　　富裕層50歳未満（77）
富裕層50歳以上（149）　　全体（1305）

項目	全体
情報検索	78.7
家族や友人の話	26.2
テレビ	24.0
新聞や雑誌	19.0
専門サイト	10.6
SNSの投稿	17.2
専門誌や論文	3.4
ブログやユーチューバーの配信	7.0
専門家の意見を聞く、習う	1.6
知識を得られるセミナーに参加	1.8
情報が集まるパーティに参加	1.2
店舗のスタッフ	2.1
その他	2.3

（出所）JTB総合研究所「富裕層の価値観と旅行」（2019年12月10日）

7．富裕層の懸念事項

「景気」「増税」「次世代への資産承継」 「自分や家族の健康」「親の介護」

● 資産管理・運用への懸念が多い

　富裕層が懸念している事項には何があるでしょうか。その時々の経済情勢や税制のほか、家族環境などによっても変わります。

　一つの参考として、ここではキャップジェミニとメリルリンチ・ウェルスマネジメントの調査（以下、キャップジェミニ等の調査）およびJTB総合研究所の調査をもとに説明していきます。

　まず、キャップジェミニ等の調査によれば（**図表12**）、富裕層の主な懸念事項として最重要に挙げられているのが「目標に対する景気の影響」です。景気の状況が投資目標や仕事の目標を左右することから、できるだけ経済の安定を望んでいます。

　次に挙げられるのが「増税の可能性」です。税制改正による増税等の影響は、富裕層自身だけではなく次世代への影響も大きいことから懸念されています。税制改正などの情報を富裕層のお客様にできるだけ早く伝え、対策を打っていくことも検討に値します。

　このほか、「次世代が適切に遺産を管理できないこと」も挙げられており、中小企業の経営者が事業承継も含めうまくいくかどうか悩みの種のようです。「生涯、資産が尽きないようにしたい」という思いは、どなたでも必要な考え方ですが、富裕層のなかでも特に金融資産1〜5億円を保有する層において懸念が強いです。リタイアメント後の豊かな生活を享受したいものの資産を減らしたくない、尽きないようにしたいといったところが本音でしょうか。

◉ 家族の健康や親の介護も不安

　JTB総合研究所の調査では、今後の生活で不安なこととして、「自分の健康」、「家族の健康」、「自分の老後の生活」、「親の介護」といったところが中心に挙げられています（**図表13**）。健康でいられなければいつまでも優雅な生活を得ることができなくなります。むしろお金はかかる一方となりかねません。家族も含めて健康第一のニーズは日に日に高まっている模様です。

　自分の老後の生活は、お金の側面とどう過ごしていくかの悩みが透けて見通せます。時間にゆとりがあるなかでどう過ごしていくか、人生一回しかありませんので富裕層も強く悩む傾向にあります。

　このほか、親の介護に関しても不安視しています。JTB総合研究所の調査からは家族のことを中心に懸念されていることがわかります。富裕層も一般層も主な懸念事項はさほど変わらないようです。

■ 図表12　富裕層顧客の主な懸念事項

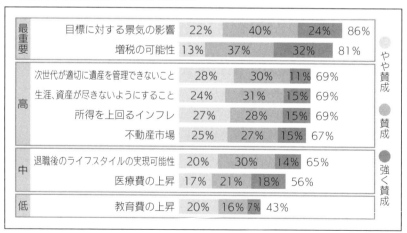

※端数処理のため、比率の合計が100％にならない場合がある
（出所）キャップジェミニ／メリルリンチ・ウェルスマネジメント、アドバイザー調査

■ 図表13　富裕層の生活や価値観

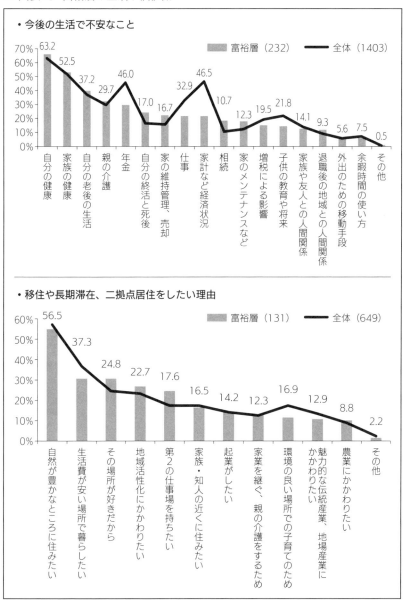

（出所）JTB総合研究所「富裕層の価値観と旅行」（2019年12月10日）

「資産保全」や「ポートフォリオ」に関する助言を待っている

◉ 安定的に「守る」「増やす」資産運用のニーズが高い

　富裕層が優先・重要視している項目には何があるのでしょうか。キャップジェミニとメリルリンチ・ウェルスマネジメントの調査結果をもとに、資産運用の面から考えていきたいと思います（**図表14**）。

　結果からいえることは、資産運用という観点からは、資産保全や効果的なポートフォリオ管理を重視していることがわかります。どちらかといえば、資産を守りながら着実に増やしたい、リスクをできるだけ回避しながら安定的運用を好むといった意向が強く、そのためのアドバイスを求めたいのが富裕層の本音のようです。

　一方で、報告書と手数料の透明性という部分も重要視している富裕層は多く、投資信託であればどんな運用を行い、結果どうだったのかが詳しく知りたい人が多いようです。

　また、その対価として手数料がいくらなのか。決して手数料を抑えたいという人ばかりではなく、運用がうまくいっている場合や、それなりのサービス、報告書がしっかりしている場合にはそれなりの手数料をはらってもよいというあらわれと捉えることができます。

　筆者のお客様にも、アフターフォローがしっかりしている場合や提案が希望通りでありその仕事ぶりが評価できる場合はしっかり手数料を支払ってもよいと考える方は多いです。アドバイスをいかに的確に行うか、いかにお客様に寄り添っていることが伝わるかどうかが重要なのです。これは何も資産運用の話だけに該当することではなく、ど

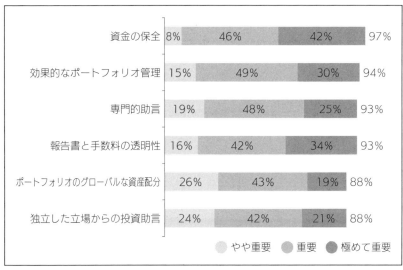

図表14　富裕層顧客の優先事項〈上位6位〉

	やや重要	重要	極めて重要	計
資金の保全	8%	46%	42%	97%
効果的なポートフォリオ管理	15%	49%	30%	94%
専門的助言	19%	48%	25%	93%
報告書と手数料の透明性	16%	42%	34%	93%
ポートフォリオのグローバルな資産配分	26%	43%	19%	88%
独立した立場からの投資助言	24%	42%	21%	88%

※端数処置のため比率の合計が100％にならない場合がある。調査の質問文は「あなたの顧客にとって以下の事項は、どの程度重要となっていますか」という内容だった。
（出所）キャップジェミニ／メリルリンチ・ウェルスマネジメント、アドバイザー調査（2011年）

んなサービスや商品の提案を行う場合でも通用する話です。

◉「リスク分散」「グローバル投資」にも興味

　資産運用の内容からさらに踏み込んでみると、ポートフォリオのグローバルな資産配分も重要視している富裕層は多いようです。リスク分散をはかりながら、世界全体への投資を望んでいるのです。仮に皆さんが金融機関等で資産運用の担当者である場合には、日本のみではなくいかに海外資産への分散投資の提案を行うかがポイントです。株式のみならず、債券、不動産、金などさまざまな資産に配分し、リスクヘッジしながらリターンをいかにあげていくかを助言できるかどうか。また、他社といかに差別化した提案ができるかどうかが問われます。

もう一つ、独立した立場からの投資助言に関しても重要視する傾向があります。いかに中立的に物事がいえるか、お客様のことを思って提案しているか。結局のところ、顧客本位の姿勢かどうかが問われるのです。お客様第一に真剣に提案がなされている場合は、末永い付き合いができることでしょう。一方で、会社やご自身第一の場合には、最終的にお客様は去って行く可能性が高いです。そのため、中長期的なお付き合いを行うためにも、顧客本位の姿勢は突き通せるように取り組んでいくことが大切です。

第二部

富裕層の関心事

第二部　富裕層の関心事

田園調布などの高級住宅地から
高輪、赤坂などの都心に回帰している

◉ 「代々木」「高輪」「赤坂」が人気

　全国において、富裕層が多く住む街はどこなのでしょうか。ここでは、企業の代表者といえる社長の住む街をもとに、富裕層はどんな街に住む傾向があるのかを検証していきます。

　東京商工リサーチ『2017年全国「社長の住む街」調査』によると、2017年における社長の住む街トップは「東京都港区赤坂」でした。2012年の調査時にも同様の結果でしたが、これを2003年調査と比べると結果は大きく異なっています（**図表15**）。

　バブル以降の地価下落や、職住近接を好む富裕層が増えていることから、最近の富裕層の居住地は「都心回帰」が進んでいます。これは特に東京において顕著な傾向といえます。

　2003年の社長の住む街ランキングでは、「田園調布」や「成城」といった郊外の高級住宅地が上位を占めていました。また、大都市からやや離れた場所もランキングでは上位に位置していました。

　一方、2017年の調査結果を見ると、2003年当時のランキングで10位以下に位置していた「代々木」や「高輪」、「赤坂」が1位から6位の間に入っています。このように、最近の社長（富裕層と仮定）は、繁華街に近い場所に住む傾向があります。特に、現役でバリバリ働く若手の社長ほど職住を近接させる傾向が強いようです。通勤を考えると都心のほうが楽であること、利便性を重視する社長が増えていることなどが理由として考えられます。

■ 図表15　社長の住む街ランキングの推移

2003年			2017年		
順位	場所	人数	順位	場所	人数
1	田園調布（大田区）	532	1	赤坂（港区）	2,488
1	成城（世田谷区）	532	2	西新宿（新宿区）	2,132
3	大泉学園町（練馬区）	495	3	六本木（港区）	2,052
4	南青山（港区）	482	4	代々木（渋谷区）	2,041
5	亀戸（江東区）	454	5	南青山（港区）	1,981
6	神栖町（茨城県）	451	6	高輪（港区）	1,880
7	奥沢（世田谷区）	447	7	新宿（新宿区）	1,755
8	竜王町（山梨県）	443	8	三田（港区）	1,741
9	府中町（広島県）	428	9	亀戸（江東区）	1,700
9	大島（江東区）	428	10	広尾（渋谷区）	1,682
11	久が原（大田区）	419			
11	葉山町（神奈川県）	419			
13	本駒込（文京区）	417			
13	等々力（世田谷区）	417			
15	神辺町（広島県）	409			
16	代々木（渋谷区）	401			
17	那珂川町（福岡県）	399			
18	高輪（港区）	397			
19	神宮前（渋谷区）	380			
20	赤坂（港区）	377			
20	深沢（世田谷区）	377			
20	師勝町（愛知県）	377			

（出所）東京商工リサーチ調べ。区はすべて東京都。2017年は約297万社、2003年は約106万
　　　社対象。2017年は1～10位までが公表されている。

◉ タワマン建設で江東区亀戸がひそかな人気

　2003年時も2017年時も、それほど順位を変えていない街があります。「東京都江東区亀戸」です。亀戸は繁華街である錦糸町に隣接しており、どちらかといえば高級住宅街というよりは庶民的な街のイメージが強いかもしれません。江東区亀戸は、中小企業の経営者が多く住んでいると想定されています。

　ただし、最近ではタワーマンションの建設も進んでおり、湾岸沿いの高層マンションに住む社長が増えている面も上位ランキングを維持している理由なのかもしれません。ほかにも、東京駅まで電車で20分前後というアクセスの良さもプラスに作用しているものと思われます。

■　プラウドタワー亀戸クロス・完成予想図

（出所）プラウドタワー亀戸クロスホームページ

10. 東京以外では都市周辺が人気

自然環境に恵まれていて、
都市部に近い場所が好まれている

◉ 神奈川なら葉山や美しが丘、福岡なら那珂川町がランクイン

　前項の「9. 富裕層が多く住む街」では、東京中心部に住む社長が多いことを説明しました。それでは、東京都以外ではどのような傾向があるのでしょうか。東京商工リサーチ『2017年全国「社長の住む街」調査』をもとに確認していきましょう。

「社長の住む街」調査の上位にランクインする東京都以外の市町村は、**図表16**のとおりです。この傾向からわかることは、東京や大阪などの大都市圏の周辺地域がランクインしていること。51位に「神奈川県三浦郡葉山町」が入っています。葉山御用邸と聞いて、ピンとくる人も多いことでしょう。別荘地としても人気がある地域です。マリンスポーツで有名な地域でもあり、芸能人をはじめ著名人の自宅が多いことでも知られています。

　54位には「福岡県筑紫郡那珂川町」がランクイン。福岡市からも近いわりには自然環境が残っており、自動車があれば利便性が高い地域です。80位にも福岡市から近い「福岡県糟屋郡志免町」がランクインしています。福岡空港から近く、福岡市のベッドタウンとして開発が進んでいます。また、工業団地があることから、機械、金属工業が盛んな地域でもあります。空港に近く交通の利便性が高いことが社長に評価されているものと思われます。

　78位には「大阪市西区南堀江」がランクイン。社長が住む街調査のなかでも順位を伸ばしている地域です。若者向け商業地域が並ぶ街

として人気を集めています。東京都と同様に、職住近接傾向を選ぶ傾向が大阪でも生じている模様です。高層マンションの再開発も進んでいます。

　92位には「神奈川県横浜市青葉区美しが丘」がランクイン。東京都心へのアクセスもよく、街並も整備されており、ブランドイメージが高い地域です。

　こうした状況からいえることは、都市部に近い場所でありながら、自然環境の良い場所が社長に好まれる傾向があるということ。都心に比べると地価が比較的割安で、広い自宅を建てるには都合がよいのでしょう。

　100万都市がある都道府県を除いて、社長の比率が高い県庁所在地には、福井市、甲府市、徳島市などが挙げられます（**図表17**）。眼鏡、宝石産業など集積する地域では中小企業が多いといったことも理由にあるのかもしれません。

■ **図表16　社長の住む街ランキング2017年【東京都以外の上位町村】**

順位	前回順位	都道府県	市区町村	人数
51	47	神奈川県	三浦郡葉山町	1,090
54	48	福岡県	筑紫郡那珂川町	1,073
78	98	大阪府	大阪市西区南堀江	920
80	74	福岡県	糟屋郡志免町	919
92	86	神奈川県	横浜市青葉区美しが丘	860
105	84	広島県	安芸郡府中町	835
122	168	大阪府	大阪市福島区福島	778
129	116	兵庫県	加古川市加古川町	762
146	144	神奈川県	中郡大磯町	730
161	160	埼玉県	北葛飾郡杉戸町	707

（出所）東京商工リサーチ「2017年全国「社長の住む街」調査」

■ 図表17　社長の住む街ランキング（都道府県庁所在地・社長比率、上位10市）

順位	都道府県	市区郡	社長数	人口	社長比率
1	東京都	東京23区	354,771	9,302,962	3.81%
2	大阪府	大阪市	73,812	2,691,425	2.74%
3	福岡県	福岡市	36,110	1,514,924	2.38%
4	愛知県	名古屋市	53,138	2,279,194	2.33%
5	京都府	京都市	32,496	1,418,340	2.29%
6	福井県	福井市	5,959	265,796	2.24%
7	山梨県	甲府市	4,282	191,673	2.23%
8	神奈川県	横浜市	81,802	3,735,843	2.19%
9	北海道	札幌市	42,617	1,947,434	2.19%
10	徳島県	徳島市	5,553	256,008	2.17%

（出所）東京商工リサーチ「2017年全国「社長の住む街」調査」

「余裕」「品質」「サービス」「コミュニケーション」「ソーシャル」

⬤ 「時間に余裕」「距離は短く」

　富裕層、とりわけシニアの富裕層の消費を刺激するキーワードは一体何でしょうか。そのキーワードを五つ挙げ、富裕層の心をくすぐる考え方を紹介していきたいと思います。

　まず、一つめのキーワードは「時間に余裕、距離は短く」。シニア層の富裕層の場合、時間にはある程度余裕があることでしょう。老後を楽しく生活したい。そう思っている現役の富裕層も多いはずです。

　時間には余裕ができるものの、旅行などにおいてはヨーロッパや北米などの遠距離旅行が増えているわけではなく、国内旅行でいかに贅沢をするかといった傾向が年々強くなってきています。

　たとえば、コロナウィルス発生前であれば、日本初のクルーズトレイン「ななつ星in九州」で豪華な旅行を楽しむ（1泊2日や3泊4日、料金は28万円〜135万円）、日本を代表する温泉旅館に泊まる（和倉温泉加賀屋、料金は23,100円〜など。プラン、宿泊人数により異なる）という短期間の国内旅行で、まとまったお金を使う。それがシニア富裕層の流行となっており、この傾向は中長期的に見ても続く可能性が高いと思われます。

　「距離は短く」というキーワードは、旅行だけにとどまりません。買い物などの日常生活の行動にも当てはまります。宅配サービスや百貨店の外商に頼るというケースもあれば、スーパーが近くにあるなど利便性の高い地域に引っ越すといったこともあり得ます。

　また、クリーニングなども、少しくらい割高でも自宅まで取りに来て配送してくれる専門の業者に頼む富裕層も増えています。実際に、地区を限定して高級クリーニングサービスを展開している業者も存在します。こうした宅配サービスは、富裕層のニーズを取り込み、売上拡大へとつながっていくことでしょう。

◉ 品質と安全性にこだわる

　二つめのキーワードは、「品質と安全性にこだわる」です。こだわりのない商品やサービスにはお金をあまりかけないものの、品質を重視し、自分で納得した価値を認める商品やサービスには、とことんお金をかける傾向があります。

　富裕層の傾向の一つして、宝飾品や自動車などの高級品にお金をかけるほか、果物や生鮮食品への支出も高くなる傾向があります。品質と安全性が確保されている食品であれば、高くても躊躇なく購入していく。そうした嗜好をつかんだサービスや商品の販売ができると、ご自身の商売の強みとなることでしょう。

◉ コミュニケーションを重視する

　三つめのキーワードは「コミュニケーション重視」です。インターネットでモノを購入することももちろんしますが、それはすでに買ったことのあるモノや普段使う日常生活用品。高級なモノは目で見て確認することで購入するケースが多いようです。これには、店員に聞いて良いモノを購入したいという希望もあります。

　また、商品の品質を見極めたいというニーズもありつつ、店員との会話を楽しみたいという思いも強いようです。これは、百貨店の高級品売り場では、店員がいかにコミュニケーションをとれるかで売上が

大きく変わることからもうかがえます。営業では、いかにお客様とふれあい、購買意欲を刺激するかが重要です。これはどの時代であっても富裕層アプローチにおいて変わらないテーマといえるでしょう。

　筆者の顧客の例になりますが、金融機関の場合のコミュニケーション例を示しておきましょう。富裕層の顧客のなかには、すべて自分でやりたがる人もいます。インターネット証券や金融機関のインターネット販売を通じて投資信託や株式を購入する人もいれば、そうではなく対面での購入を希望する人もいます。

　富裕層になればなるほど、専門外はプロに任せる傾向が強いため、対面で購入するお客様が多いように見受けられます。対面ではコミュニケーションがモノを言います。「毎週のようにレポートをお客様の出勤時間に合わせて持参していたところ、日に日に会話が増え、最終的には大きな販売につながった」「アフターフォローをしっかり行ったことで、損失が発生していたにもかかわらず、追加購入をいただけた」など、こうした事例は数多くあります。

　このように、説明やアフターフォローをしっかり行ってくれるのであれば、手数料を支払ってもよいという富裕層は少なくありません。いかに実直に説明できるか。コミュニケーションをいつ何時でもとること。決しておろそかにしないことが富裕層開拓では必須です。

◉ モノよりサービスにお金をかける

　四つめのキーワードは、「モノよりサービスにお金をかける」こと。高級品も購入しますが、サービスにお金をかける傾向が強まってきています。

　シニアの富裕層の場合、総務省「家計調査」からわかることは、自動車等の維持費にお金をかけていない反面、パック旅行費などにお金

をかけていることです（**図表18**）。これは、販売する側に必要なのは、モノではなくコミュニケーションを含むサービスにあるとも捉えることができます。いまや高級品を造れば売れるという時代は終わり、いかにその商品を販売する際のサービスを手厚くするかが重要な時代といえるでしょう。他社にはないサービスの提供、付加価値の提供をいかに行うか。決して百貨店などだけの話ではなく、富裕層開拓を行う企業であればどこも真剣に検討しなければいけない内容だと思われます。

◉ ソーシャルマインドが高い

　五つめのキーワードは、「ソーシャルマインド」です。事業で成功した方々の多くは、次に社会のために何ができるかを考え、行動する傾向があります。

　よくあるケースでいえば、海外の新興国などで学校の建設を行ったり、社会福祉施設への寄付を行うなど、何かしら目に見えるカタチで恩返しをします。また、「寄付したいがどこに寄付をしてよいかわからない」といった悩みを持つ富裕層もいます。こうしたニーズに応えるために、寄付や社会貢献活動ができる窓口ないしは紹介先を皆さんが持っておくことで富裕層顧客開拓へとつなげられる可能性があります。こうした点が他社との差別化であり、富裕層への付加価値提供となります。

　ほかにも、売上の一部を寄付に充てるといった方針を決め、ホームページや会社のパンフレットなどで公表していくことも富裕層の心をくすぐるかもしれません。社会に還元する活動を前面に出すというわけではなく、富裕層のニーズにマッチした取組みを提供することを心がけましょう。

■ **図表18　高齢富裕層で増加する支出品目**

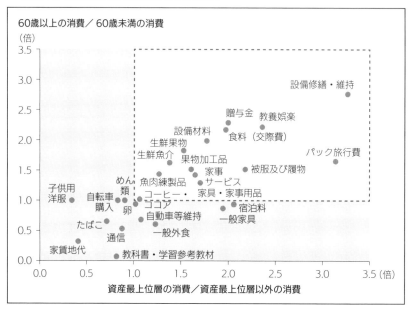

60歳以上の消費／60歳未満の消費

（出所）「家計調査」より作成
　　　　日本リサーチ総合研究所「高齢富裕層の消費をどう掘り起こすか」

Column
シニア富裕層は通信費にはお金をかけない!?

　総務省「家計調査」をもとにした日本リサーチ総合研究所の調査によると、シニア富裕層は携帯電話代金などの通信費や自転車購入代金などにはあまりお金をかけない傾向にあることがわかります。また、一般外食も他の層と比較して0.5～1.0倍程度の金額しか消費していません。

　これは、「そもそも携帯電話をあまり使わない」「自転車に乗る頻度が少なく外出は自動車を利用する傾向にある」「高級スーパーなどで購入した食品を自宅で調理する傾向が強い」からと考えられます。

12.　若いドクターに人気の高級自転車

健康ブームを背景に、平均単価の高い高級自転車が売れている

◉ 平均単価5〜6万円の自転車が人気

　富裕層だけに限った話ではないものの、健康ブームが続いていることもあり、高級自転車が売れているようです。

　経済産業省「生産動態統計調査」によると（**図表19**）、2019年の日本における完成自転車台数は88万5090台、完成自転車生産金額は566億2779万円となっています。完成自転車台数は年々少しずつ増減を繰り返しながら、減少傾向にあるものの、平均単価はむしろ上昇傾向にあります。2019年の平均単価は63,979円と、前年の63,056円から1.5％ほど上昇しています。2016年には56,967円、2015年には51,943円であったことを考慮すると、確実に単価が上昇しているのです。これは円安による値段の上昇や、健康志向により、より付加価値の高い自転車が売れる傾向にあることなどが理由として考えられます。

　特に電動アシスト車の生産割合が多くなっています。重い荷物や子どもを乗せて走行させる場合に楽であること、シニア層でもモーターの補助により走行開始時のふらつきが抑えられ転倒などの危険を提言できることなどが、市場の拡大要因になっているものと思われます。

　このほか、趣味で楽しんだり、自転車通勤やエクセサイズ目的でクロスバイクやスポーツバイクを購入する人も増えてきています。こうした人のなかには、1台で数十万円する自転車を買う人も少なくありません。2013年にはトヨタ自動車がレクサスブランドの自転車を発

売しました。また、メルセデスベンツなどが日本の高級自転車市場に参入しています。飾って楽しむ人もいれば、実際に普段から乗って通勤や運動を行う人もいます。

◉ 高級自転車の購入層は30〜40代

　高級自転車の購入層は、主に30〜40代になります。若いドクターも健康志向からか高級自転車を購入する人がいます。「健康のためなら高くてもよい自転車を」と考えているのかもしれません。また、20代でも10〜20万円程度の自転車を購入するケースも見受けられます。高級自転車のなかでも比較的買いやすい10〜25万円の価格帯が人気を呼んでいます。

■ 図表19　わが国自転車生産企業の毎年の自転車生産・出荷および
　　　　　 在庫の推移数　　　　　　　　（単位：数量〈台〉、金額〈百万円〉）

| 年月別 | 生産 | | 受入 | 出荷 | | | 在庫 |
| | 数量 | 金額 | 数量 | 販売 | | その他 | 数量 |
				数量	金額	数量	
2014年	951,548	47,111	1,512,766	1,692,522	53,465	804,920	156,625
対前年比	98.5%	109.8%	90.9%	90.9%	100.0%	100.6%	73.0%
2015年	898,095	46,650	1,486,512	1,581,409	53,794	816,761	143,061
対前年比	94.4%	99.0%	98.3%	93.4%	100.6%	101.5%	91.3%
2016年	939,025	53,494	1,515,508	1,619,165	59,985	821,579	156,850
対前年比	104.6%	114.7%	102.0%	102.4%	111.5%	100.6%	109.6%
2017年	890,850	55,865	1,530,097	1,619,326	67,982	808,652	149,819
対前年比	94.9%	104.4%	101.0%	100.0%	113.3%	98.4%	95.5%
2018年	861,255	54,308	1,395,655	1,582,415	71,612	647,893	176,425
対前年比	96.7%	97.2%	91.2%	97.7%	105.3%	80.1%	117.8%
2019年	885,090	56,623	1,308,710	1,657,642	74,341	549,901	155,527
対前年比	102.8%	104.3%	93.8%	104.8%	103.8%	84.9%	88.2%

※1　「受入」とは、輸入を含む他企業から購入、または同一企業内の他工場、委託先工場から
　　　受入れられた総量。
※2　「出荷・その他」とは、同一企業内の他の工場、または受託生産（加工）品を発注元の工場に出荷したもの、受託生産（加工）のため出荷したものによる出荷。
※3　「国内向」とは、「生産数量」と「輸入数量」を合算したもの。
（出所）経済産業省「生産動態統計調査」

■ 13. 富裕層のメディカルチェック

入会金300万円の会員制健康管理プログラムで 医療やケアのサービスを受けている

◉ PET検査のがん検診など充実した会員制倶楽部が人気

　皆さんは、会員制の健康管理プログラムをご存じでしょうか。富裕層をターゲットとしているメディカルチェックサービスです。全国にいくつか存在しますが、一例として東証一部上場企業リゾートトラストのグループ企業である「グランドハイメディック倶楽部」の健康管理について紹介します（**図表20**）。

　グランドハイメディック倶楽部では、疾病の早期発見を目指す高度な検診から、生活習慣病をはじめとした疾病への対策、日常の健康サポートまで、会員制ならではのきめ細かなサービスを提供しています。

　特に力を入れているのが「がん」の危機管理です。PET検査などのがん検診で早期発見を行い、全国に渡る医療連携ネットワークをもとにした早期治療、早期回復を目指します。万一、がんが見つかった場合には、一人ひとりに合ったスムーズな治療をサポートし、いち早くもとの生活に戻れるようにすることを目指されています。いわば、エグゼクティブの「がん」の危機管理を支えるのがグランドハイメディック倶楽部の特徴といえるでしょう。

　公表されている会員数を確認すると、健康管理、予防医療、エイジングケアなどの関心が高まるなか、右肩上がりで増加していることがわかります。東京大学医学部附属病院や京都大学医学部附属病院をはじめとした大学病院や、さまざまな医療機関で活躍する医師とともに、さまざまな研究と経験を重ね、サービスを拡充している点が安心感を

もたらしているのかもしれません。

◉ 健康には「お金」も「気」もつかっている

　それでは、金額はどれくらいなのでしょうか。グランドハイメディック倶楽部に限らず、どのメディカルチェックにおいても、一般的に会費制となっており、入会金と年会費がかかります。グランドハイメディック倶楽部の場合、入会希望のコースに応じて、複数の会員権価格が設定されています。価格は税抜き表示となっています。高額ですが、健康に関心を寄せる富裕層にとって、「隅々まで検査してくれるメディカルチェックであれば安い」と感じる人も多いのかもしれません。資産を持っていても、病気やケガで亡くなってしまえばそれでおしまいです。そのため、健康には十分に気を遣って、対策を立てる富裕層は多いのです。

■ 図表20　グランドハイメディック倶楽部について

＊会員権価格

入会金	月会費	会員資格期間	検診受診権（年間）
3,000,000円	46,000円	15年	1回

＊会員数

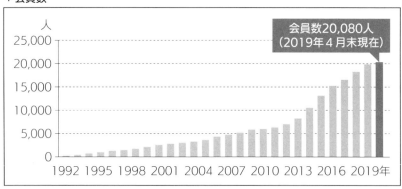

（出所）グランドハイメディック倶楽部ホームページ

14. 富裕層の美容代

アンチエイジングや美容にも
お金をかけている

◉ 資産家女性は毎月17万円程度を美容に費やしている

　「13.富裕層のメディカルチェック」では、何かあった場合の備え
や早め早めの検診に対するニーズが高い旨を紹介しました。こうした
メディカルチェックの側面だけではなく、アンチエイジングや美容に
関してもお金をかける富裕層は多いようです。

　それでは、美容にどの程度お金をかける傾向があるのでしょうか。
一つの参考データとして、「YUCASEE MEDIA（ゆかしメディア）」
が過去に行ったアンケート調査「自身の美の秘訣」をもとに確認して
いきましょう。同調査は、純金融資産1億円以上の資産家女性を対象
に行われたものです。

　この調査結果によると、対象女性が1年間で美容に費やす金額は、
総額平均で約213万円とのこと。そのうち、エステに費やす平均費用
は約74万円、化粧品は平均約38万円、サプリメントは平均約14万円
となっています。単純に計算すれば、毎月17万円程度を美容に費やし
していることがわかります。

　富裕層女性の場合、こうした美容やアンチエイジングに単純にお金
をかけるだけではありません。生活習慣にも気を配っています。天然
水など良い水を飲み、バランスの良い食事を心がけ、よく眠り、よく
働き、よく運動して汗をかく。規則正しい生活を送ることも富裕層女
性、特に経営者には共通点といえるかもしれません。

◉ 最高級サプリメントも多用

　一方で、仕事や趣味に忙しく、美容にそれほど時間をかけることができない富裕層女性もいらっしゃいます。こうした女性の場合、日常生活のなかで手軽に実践でき、美容成分をトータルにバランスよく摂取できるサプリメントを多用する傾向にあります。高級サプリメントも数多く発売されており、一定の市場を確保している見込みです。

　最高級サプリメントの事例として、「悠々美的」を挙げておきます（図表21）。「悠々美的」には、肌本来の若々しさをサポートするエイジングケア成分が含まれています。また、肌をつくる働きを刺激する成分も含まれており、年齢を感じさせない美しさをつくることができるとされています。実際に利用し実感してみないとわかりませんが、単品で35,532円（税込）、定期購入で32,940円（税込）で販売されています。

■ 図表21　最高級サプリメント例「悠々美的」

腐りにくいメロンが原料のメログリソディンを配合した最高級のサプリメント「悠々美的」は、富裕層クラブの協力のもと開発された美に妥協しない女性のためのサプリメント。2019年4月1日よりリニューアル。

（出所）「悠々美的」ホームページ

■ 図表22　高級美容例「スキンケアクリーム」

Impress

インプレス　クリームエクセレント a

医薬部外品

スキンケア｜クリーム

コクのあるテクスチャーで、肌のすみずみまで美容成分をいきわたらせる高機能クリーム

豊かなハリとうるおいに満ちた透明感あふれる端正な肌に導くクリームです

価格	50,000 円（税抜）
内容量	40g
付属品	スパチュラ付き

（出所）「カネボウ化粧品」ホームページ

Column

新型肺炎の流行がドクターマーケットに及ぼす影響は？

　新型肺炎の流行は、病院経営にも大きな影響をもたらしています。病院が一つのクラスターとなりえるため、病院に通う頻度が減り、その結果収益も下がるといったことが起きている模様です。日本病院会、全日本病院協会、日本医療法人協会の3団体が2020年5月18日に公表した「新型コロナウィルス感染拡大による病院経営状況緊急調査（速報）」では、新型コロナウィルス感染症患者を受け入れた病院では、2020年4月の医業利益率はマイナス11.8%、病院を閉鎖せざるを得なかった病院では、同じくマイナス16.0%にまで落ち込んだとのこと。

　こうした状況はずっと続くわけではないと思うものの、病院の経営も悪化しているところが多いと想定されます。病院の先生によっては、疲労困憊といった状況も想定されますので、できるだけZoomなどの映像配信や電話で連絡をとるなど、配慮を忘れないようにしてください。

プラチナカードやブラックカードは 富裕層のステイタス・シンボル

◉ プラチナカード保有者は100人に1～2人程度

　年収が高いかどうか、資産を保有しているかどうかを判断する材料の一つにクレジットカードのタイプがあります。

　あくまで参考として捉えていただければと思いますが、2011年に楽天インサイトが行った「クレジットカードに関する調査」によると、保有するメインのクレジットカードをタイプ別に見ると、一般カードが87.0%、ゴールドカードが11.3%、プラチナカード以上が1.4%となっていました。以前に比べるとゴールドカード以上を得るハードルが下がってきているといえるため、現在はもう少しゴールドカード以上の保有割合が上昇しているかもしれません。

　とはいえ、プラチナカードやブラックカードとなると、カードカード会社によってはいまでもそう簡単には取得できないケースも多々あります。

　特に、アメリカン・エキスプレス（以下、アメックス）のプラチナカードやセンチュリオンカード（俗にブラックカードと呼ばれる）は、年会費も高く、インビテーション（招待）制のため、入手するにはゴールドカードの取得から始める必要があります（ゴールドカード→プラチナカード→センチュリオンカード）。年収ベースは公表されていませんが、アメックスのプラチナカードを取得するには、年収1,000万円以上ないと厳しいのではないかと想定されます。

　なお、JCBのブラックカード「JCBザ・クラス」においては、以前

は審査基準として年収1,500万円以上という要件がありました。こうした格式の高いクレジットカードの保有者は、一般的には富裕層とみなしてよいでしょう。アメックスの場合、ゴールドカードでも年会費は31,900円（税込）、プラチナカードで年会費143,000円（税込）、センチュリオンカードで年会費385,000円（税込）となっています。

　年収が1,000万円未満であっても、審査基準を通過できるプラチナカードが存在します。たとえば、MUFGカード・プラチナ・アメリカン・エキスプレスの場合、20歳以上で本人に安定した収入があることが要件となっています。そのため、年収の高さを要件とはしていない可能性があります。

　プラチナカード以上は、一般的にはインビテーション（招待）制がほとんどです。そのため、利用条件を満たした場合に、カード会社から本人に直接送付されます。ただし、なかには直接ご自身が申し込むことによってプラチナカードを取得することができるものもあります。

　ご自身で直接申し込みができるプラチナカードには、上記に示したMUFGカード・プラチナ・アメリカン・エキスプレス・カードがあります。年会費は22,000円（税込）とお手頃価格となっています。このほか、三井住友プラチナカードでは、年会費が55,000円（税込）です（**図表23**）。年会費が低く抑えられているため、加入しやすいのがポイントです。なお、真の富裕層は、インビテーション制のカードを保有している人が多いかもしれません。

◉ カードの格が高いほど継続保有者が多い傾向に

　もう一つ是非知っておいていただきたいことがあります。楽天インサイトの調査によると、10年以上継続してクレジットカードを利用する人は、タイプ別に見ると、一般カードで18.6％、ゴールドカー

ドで33.6％、プラチナカード以上で42.9％となっています。要は、カードの格が高くなればなるほど継続保有者が多いということ。サービスの良さなどを気に入る人もいるでしょうし、そもそも愛着がわき手放せないという人もいるものと思われます。

　あくまで、保有カードは基準の一つに過ぎません。色だけで判断するのではなく、カード会社、カード自体が何かなどをしっかり確認し判断する必要があります。なかには、年会費の負担を避けるために年会費無料であったり安いカードをあえて利用したりしている富裕層もいます。あくまでもこうしたカードを保有しているのであれば、富裕層の可能性が高いという目安にする程度にしておくべきなのかもしれません。

■ 図表23　直接申し込みが可能なプラチナカード例（2020年４月現在）

＊三井住友VISAプラチナカード

年会費	審査／発行	利用限度額	海外旅行傷害保険	国内旅行傷害保険	ショッピング保険
55,000円	3週間程度	原則300万円～	最高１億円	最高１億円	年間500万円まで

＊MUFGカード・プラチナ・アメリカン・エキスプレスカード

年会費	審査／発行	利用限度額	海外旅行傷害保険	国内旅行傷害保険	ショッピング保険
22,000円	最短3営業日	50～500万円	最高１億円	最高5,000万円	年間300万円まで

（出所）三井住友カード株式会社、三菱UFJニコス株式会社ホームページ

16. 富裕層の旅行

プライベートジェットや豪華寝台列車など高級&高額ツアーが好まれている

● 富裕層向けのラグジュアリー旅行専門店を利用している

　富裕層向けの旅行商品を取り扱う企業は増加傾向にあり、大手旅行会社や航空会社以外に百貨店なども参入しています。

　富裕層向けの旅行会社の一例として、ラグジュアリー旅行専門店「JTBロイヤルロード銀座」を挙げておきます。ロイヤルロード銀座は、本店のほかに名古屋店、大阪店があり、予約制でコンシェルジュが相談に応じてくれます。オーダーメイド型の旅行商品もあれば、ラグジュアリーパッケージツアーなども取り扱っています。プライベートジェットなど、さまざまなニーズに応えているようです。

　国内旅行であれば、高級といってもせいぜい１人数十万円ぐらいだろうと思われます。しかしながら、ロイヤルロード銀座で発売された過去のツアーのなかには、プライベートジェットや豪華寝台列車「ななつ星in九州」を利用して五島列島と九州を７日間でめぐるもので、４名で1,000万円といったプランもありました。

「ななつ星in九州」スイートタイプの客室と世界遺産屋久島のリゾートホテルsankara hotel＆spa屋久島を組み合わせたツアーを１名125〜128万円で発売したところ、募集人数に対し約３倍の申し込みがあったという実績もあります。こうした高額旅行商品が売れていることを考慮すると、富裕層が旅行にお金をかける傾向が十分にあることをうかがうことができます。

■ 図表24　高級国内旅行例

11月出発　首都圏発　　　　　　　　　　　　　　イチ押し

《紅葉が彩る日本列島大周遊》～ラグジュアリーバスで
瀬戸内を縫うように走りながら紅葉と美食を愉しむ
旅～

四国せとうち 秋色海道を往く 7日間 祖谷渓
谷・しまなみ海道・安芸の宮島 紅葉谷公
園・長府庭園
835,000円 ~ 980,000円

添乗員同行　1名参加可　紅葉を愉しむ　世界遺産　厳島神社
日本列島大周遊　名物料理　往復宅配付き
ベラビスタ スパ&マリーナ 尾道
コースNo：1GG2459-7

宮島 紅葉谷公園（イメージ）

（出所）JTBホームページ「夢の休日国内旅行」（7日間）

◉ よく見るサイトは「旅行」「ゴルフ」「家電」

　株式会社ヴァリューズが2016年4月に行った調査によると、世帯
年収1,000万円以上と回答した人が見ていると思われるサイトの上位
ランキングは**図表25**のとおりです。ここからわかることは、富裕層
は「旅行」「ゴルフ」「家電」に関するサイトを見る傾向にあるそうで
す。あくまで過去の内容であり、時期によっても異なりますが、JAL
やANAが上位にあるように、平常時は国内外の旅行に興味がある富
裕層が多いことがわかります。

　富裕層にアプローチする際には、「最近、旅行に行かれましたか？」
「今後どこか行きたい場所はありますか？」などと切り出せば、顧客
も自然と話をしてくれるかもしれません。お客様にとって興味のある
内容で会話に弾みをつけることも仲良くなる方法のひとつだと思いま
す。

■ 図表25　世帯年収「1000万円以上」のユーザー含有率が高い
　　　　　サイトランキング【2016年4月度】〈ECジャンル〉

※サイト訪問者全体に占めるターゲットの割合が高い順にランキング

順位	サイト名	ドメイン	カテゴリ	サブカテゴリ	ターゲット含有率(%)
1	ゴルフ場予約｜ゴルフダイジェスト・オンライン	reserve.golfdigest.co.jp	ショッピング	ゴルフ	21.9
2	GDOゴルフショップ	shop.golfdigest.co.jp	ショッピング	ゴルフ	20.6
3	Yahoo!公金支払い	koukin.Yahoo.co.jp	ショッピング	その他	18.8
4	eBay	www.ebay.com	ショッピング	総合	17.5
5	EXPRESS予約 東海道・山陽新幹線 会員制ネット予約	expy.jp	ショッピング	旅行・交通	17.2
6	ゴルフ場予約 楽天GORA	gora.golf.rakuten.co.jp	ショッピング	ゴルフ	17.1
7	ANAショッピングastyle	www.astyle.jp	ショッピング	総合	17.0
8	ギルト・グループ 世界のラグジュアリーブランド	www.gilt.jp	ショッピング	ファッション	15.2
9	日本航空（JAL）	www.jal.co.jp	ショッピング	旅行・交通	15.1
10	全日本空輸（ANA）	www.ana.co.jp	ショッピング	旅行・交通	14.5
11	伊勢丹オンラインストア	isetan.mistore.jp	ショッピング	総合	14.3
12	Dyson｜ダイソン	www.dyson.co.jp	ショッピング	家電・AV・IT	14.3
13	Just MyShop ジャストシステム直営EC	www.justmyshop.com	ショッピング	家電・AV・IT	13.8
14	アスクル	www.askul.co.jp	ショッピング	家具・雑貨	13.5
15	ホテルチェーン東横INN	www.toyoko-inn.com	ショッピング	旅行・交通	13.2
16	ファッション通販 BUYMA	www.buyma.com	ショッピング	ファッション	13.1
17	三越オンラインストア	mitsukoshi.mistore.jp	ショッピング	総合	13.1
18	ホテルズドットコム 海外格安ホテル予約	jp.hotels.com	ショッピング	旅行・交通	13.0
19	smarter hotel booking-agoda	www.agoda.com	ショッピング	旅行・交通	12.7
20	えきねっと	www.eki-net.com	ショッピング	旅行・交通	12.6
21	テレビショッピング QVCジャパン	qvc.jp	ショッピング	総合	12.4
22	Booking.com オンラインホテル予約	www.booking.com	ショッピング	旅行・交通	12.3
23	amazon music	music.amazon.co.jp	ショッピング	エンターテイメント	12.1
24	ソニーストア	store.sony.jp	ショッピング	家電・AV・IT	12.0
25	髙島屋	www.takashimaya.co.jp	ショッピング	総合	11.9
26	Lenovo	shopap.lenovo.com	ショッピング	家電・AV・IT	11.9
27	ジェイティービー（JTB）	www.jtb.co.jp	ショッピング	旅行・交通	11.8
28	DeNAトラベル	www.skygate.co.jp	ショッピング	旅行・交通	11.8
29	日本旅行	nta.co.jp	ショッピング	旅行・交通	11.7
30	NTT-Xストア	nttxstore.jp	ショッピング	家電・AV・IT	11.6

※ターゲット含有率：サイト接触者全体に占める分析対象ターゲットの割合。VALUES保有モニタでの出現率を基に推計。
（出所）株式会社ヴァリューズ「世帯年収「1,000万円以上」のユーザー含有率が高いサイトランキング【2016年4月度】〈ECジャンル〉」

有名難関私立に大学卒業まで通わせると子1人当たり2,000万円以上の支出に

◉ オール公立文系で約1,000万円、オール私立理系で約2,600万円

　文部科学省「子どもの学習費調査（平成30年度）」によると、1人の子どもにかかる教育費（学校教育費、給食費、塾や参考書代などを含む）は、幼稚園から高校までの公立の場合で541万円ほどかかる見込みです（**図表26**）。

　また、日本政策金融公庫「教育費負担の実態調査結果（国の教育ローン利用勤務者世帯〈令和元年9月17日〜9月24日調査、2020年3月11日発表〉）」によると、大学生の教育費総額は、国立大学（4年間）で499万円ほどかかるとされています（**図表27**）。

　この二つの調査を合算すると、高校まですべて公立、大学は国立の場合でも教育費の目安として1,040万円ほどかかることがわかります。もちろん、さまざまな進路パターンがあり、地方か都市部かでも進学先は異なることでしょう。仮に、幼稚園から大学まで私立で、大学は理系（4年間）だとすると、トータルの教育費は2,652万円にも及びます。

◉ 学費の高い有名難関私立、加えて留学費用も

　東京など大都市に住む富裕層の場合、私立の小学校から通わせるケースも多いことでしょう。2018年度の場合で、慶應義塾幼稚舎は初年度の学費が1,541,480円、2年次以降の学費が1,201,480円です。早稲田実業初等部で同年度の初年度の学費が1,382,000円、2年次

以降の学費が1,008,000円、寄付金500,000円となっています。こうした学費は大学文系の学費よりもむしろ高いです。富裕層でないとなかなか通わせるのは難しいことがわかります。ただし、こうした私立の小学校は、エスカレーター方式のため、親としては安心感を買う目的で、お金を惜しまずかけているのかもしれません。ドクターであればなおさらのことです。

　海外に留学させるケースもあります。たとえば、欧米のボーディングスクールに通わせるといった場合があります。これは親元を離れて海外で寄宿・下宿生活をさせるものです。団体生活を行うことで、勉強だけではなく、礼儀や規律、コミュニケーションなども学べる質の高い教育が提供されています。

　早ければ小学生から留学させるケースもあります。大都市圏では、私立小学校から通わせるのが一般的という状況から、ボーダレス社会へと時代の流れを読み取り、いずれ海外のボーディングスクールに通わせるのが一般的という時代もくるのかもしれません。

■ 図表26　幼稚園3歳から高等学校第3学年までの15年間の学習費総額（単位：円）

区分	幼稚園	小学校	中学校	高校	合計
すべて公立	690,300 （公立）	1,834,842 （公立）	1,351,020 （公立）	1,159,317 （公立）	5,410,082
幼稚園だけ私立					6,345,771
高校だけ私立					6,942,240
幼稚園と高校が私立	1,462,281 （私立）	8,534,142 （私立）	3,885,468 （私立）	2,900,448 （私立）	7,877,929
小学校だけ公立					10,632,988
すべて私立					18,298,324

※学習費とは、学校教育費、給食費、学校外活動費（塾や参考書代など）を合計したものをさす。
（出所）文部科学省「平成30年度 子どもの学習費調査」

	国立 （4年）	私立短大 （2年）	私立文系 （4年）	私立理系 （4年）
入学費用	71.4	66.9	86.6	84.5
在学費用	428.0	295.6	630.4	737.2
合計	499.4	362.5	717.0	821.7

※在学費用とは、授業料、通学費、教科書代などの学校教育費とおけいこごとなどの家庭教育費を合計したものをさす。
（出所）株式会社日本政策金融公庫「教育費負担の実態調査結果（国の教育ローン利用勤務者世帯（2020年3月11日発表））」

Column
…… 新しい生活様式におけるセールスのあり方とは？ ……

　新型肺炎により、さまざまな生活形態が変わろうとしています。この結果、営業活動もこれまでとは異なるやり方を模索していく必要も出てきています。もちろん、これまでと同様に、お客様に時間をとっていただき、お会いして話すことも必要です。特に、相続対策や資産運用など、会って話すことで理解していただけることが多いような内容の場合には、感染症対策をしっかり施したうえで、クリニックなどでお会いすることも検討しましょう。

　なお、電話やZoomなどで済む内容であれば、極力接触機会を避けることが無難です。ドクターだからこそむしろそうして欲しいといわれると思います。契約に至るまではすべて電話やZoomで構いません。場合によっては契約も郵送で行うという形でもよいと思います。

　できるだけ会わずに、さまざまな事柄がすすめられるような手配をする。どうしても会う必要がある場合のみお会いする。こうした行動が今後は当たり前になっていくことでしょう。

■ 18. ホームセキュリティ

自宅の防犯警備に加えて、
子息の登下校見守りサービスも登場

◉ まもなく1兆円超えが予想されるセキュリティ市場

　セコムやALSOKなどによるホームセキュリティの市場が拡大傾向にあります。ホームセキュリティとは、防犯センサーの反応や緊急用ボタンが押されると異常を感知し、警備員が自宅まで駆けつけてくれる機械警備サービスのことです。参入事業者は、警備会社系とインフラ系（電力会社など）に分けられます。

　このホームセキュリティの需要の多くを占めるのが、富裕層を中心とした戸建て住宅の居住者です。また、最近では新築マンションなどにおいてもセキュリティを設置することが一般化しつつあります。このほか、通学児童向けの防犯意識も高まっており、鉄道系事業者などが登下校見守りサービスなども展開しています。

　富士経済が行った「2019 セキュリティ関連市場の将来展望」によると、2018年のセキュリティ関連全体の市場規模は9,864億円で2017年に比べて3.6％増加になった模様です。このうち家庭向け機器／サービスが2,000億円強、うちホームセキュリティ関連が50％以上を占めていることから1,000億円強の市場があると想定されます（図表28）。

　ホームセキュリティは、既存住宅での需要などが安定しており、潜在需要も大きいため今後も導入の増加が期待されています。高齢者在室安否確認サービスなども好調のようです。なお、2022年セキュリティ市場予測では、１兆741億円と予想されています。

こうした市場の拡大が見込めることもあり、特に警備会社ではホームセキュリティを強化しています。セコムでは、個人・法人のオンラインセキュリティ契約件数が2019年9月30日時点で業界No.1のおよそ243万4千件。どのようなプランを選択するかによって費用は異なります。

◉ 住宅兼オフィス・店舗・医院プランで月額7,400円

　一例として、セコム・ホームセキュリティのホームページ（**図表29**）によると、戸建てプランで月額6,800円（税別、レンタルの場合。別途初期費用がかかる。以下同じ）、マンション・戸建て小規模プランで月額4,300円、住宅兼オフィス・店舗・医院プランで月額7,400円、親の見守りプランで月額4,700円となっています。富裕層にとっては安価な金額でセキュリティを得られると感じられるため、今後も安定した需要を見込むことができそうです。

■ 図表28　セキュリティ関連の国内市場

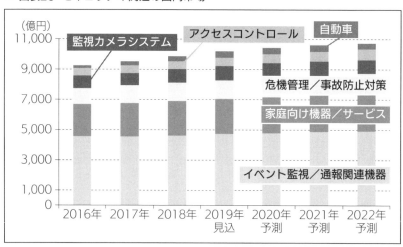

（出所）富士経済「セキュリティ関連の機器・システムやサービス国内市場の調査結果」

■ 図表29　セコム・ホームセキュリティ

● 戸建てプラン

● 住宅兼オフィス・店舗・医院プラン

（出所）セコム・ホームセキュリティホームページ

インターナショナルスクールで
多言語と国際感覚を身につけさせている

◉ 子息の語学力向上に関心が高い

　教育熱心な富裕層の場合、小学校からスイスなど欧米を中心とした
ボーディングスクールや、国内のインターナショナルスクールに通わ
せるケースがあります。こうした行動は、語学を堪能にさせたいとい
う親の思いのほか、発想力や思考力、創造力を高めるといった目的が
あるからと考えられます。

　欧米だけにとどまりません。英語のほかに中国語など今後活用が広
がると思われる語学に関しても身につけさせたいという思いが強い富
裕層も多くいます。子どもと一緒に留学先に一時的に移住したいとい
う親（特に母親）の場合、手軽に課せられる留学先としてシンガポー
ルやマレーシアを選択することもあります。

　ここでは、マレーシアのジョホールバルにあるインターナショナル
スクールを一例として挙げておきます（**図表30**）。2012年秋にイギ
リスで180年近い歴史を持つ伝統校、マルボロ・カレッジの分校が設
置されました。5歳から18歳までが対象です。英語だけでなく、中
国語やマレー語、スペイン語を学ぶことができます。国際色豊かな環
境で、イギリス本校と同じ卒業資格を取得できる点が魅力です。

　2014年夏に開校されたアメリカ式インターナショナルスクールで
あるラッフルズ・アメリカンスクール。4歳から18歳までが対象です。
英語に加え、中国語とマレー語もカリキュラムに含まれており、グロ
ーバルな教育を受けることができます。こうした留学先の教育費は上

■ 図表30　マレーシアの留学先事例

(1)マルボロ・カレッジ・マレーシア 2012年開校。創立1843年のイギリスの名門校。キャサリン妃など多くの著名人が卒業しているイギリス名門校の海外初の分校である。欧米諸国の生徒が多い。 ▼学費：220万円前後〜。 ▼難易度：授業内容を理解できる基礎的な英語力が求められる。
(2)ラッフルズ・アメリカンスクール マレーシア初となる全寮制の学校。アメリカン・カリキュラムAP（US College Board Advanced Placement）を使用した教育を提供する。 ▼学費：180万円前後〜。 ▼難易度：小さい頃は比較的易しい。
(3)スリ・アラ・インターナショナルスクール 1997年設立。イギリスの教育カリキュラムを取り入れており、子供たちの英語力に合わせた英語教育プログラムも用意されている。短期のホリデープログラムなどもあるため、夏休みなどを利用して短期留学を行うことも可能。 ▼学費：35万円前後〜。 ▼難易度：英語ビギナーの学生にはサポートもありよい環境である。

昇傾向にあり、年間で数百万円かかるとされています。それでも、その後の進学先として考えている欧米の大学の授業についていけるだけの語学力を習得することができると考えれば、富裕層にとっては決して高くはない投資といえるのかもしれません。

◉ ハーバード大の学費・寮費は4年で3,000万円前後

　海外の中学や高校を卒業した後、大学も海外へ行かせるケースがあります。国内の高校を卒業した後に、大学から海外へ行かせるケースもあります。大学院を海外留学というケースはさらに多くあることでしょう。たとえば、ハーバード大学の学費・寮費などの合計は、4年間で2,600〜2,800万円ほど（為替等にもよる）。これに生活費や旅費が加わります。ざっくり3,000万円前後と捉えた場合、一般の家庭では奨学金を得ないには難しいです。それでも、後々の収入等を考慮すれば、この学費を支払ってでも行かせたい富裕層は多いことでしょう。なかなか外に出なくなっている日本人ですが、なかには海外へ行き、大きく花を咲かせるケースもあるのです。

現金・預金の比率は44.6％と保守的で、それ以外の資産を運用に回している

◉ 3人に2人以上が10年以上の運用経験あり

　ナショナルオーストラリア銀行東京支店が、インターネット上で、年収2,000万円以上の40代〜60代男女約500名を対象にアンケート調査を行った結果（調査時期：2014年7月16日〜18日）、72.2％の人が何らかの資産運用を行っていることが明らかとなりました。しかもおよそ3人に2人が10年以上の資産運用経験があることが判明しています。

　特に40代を見てみると、男性の83％、女性の77％が5年以上資産運用の経験ありと回答しています。仮に年収2,000万円以上の人を富裕層と仮定するならば、「富裕層の7割が資産運用を行っている」と捉えることができます。

　しかも調査は2014年当時ですから、まだアベノミクスが始まった当初です。その後、さらに資産運用を行う人は増加していると想定できるため、かなり多くの富裕層が資産運用・資産防衛を行っている可能性があります。

◉「国内株式」「外貨預金」「国内株式投信」が人気

　富裕層が資産運用を行う際に利用する金融商品としては、国内株式、外貨預金、国内株式投信などを挙げることができます（**図表31**）。若い世代の場合、銀行や証券会社などで購入できる金融商品で運用している人が多いのかもしれません。また、4〜5人に1人の割合で海外

■ 図表31 「どのような商品で資産運用をしていますか？」

＊富裕層の70%以上が資産運用をしている。その運用手段の第2位に「外貨預金」
がランクイン。

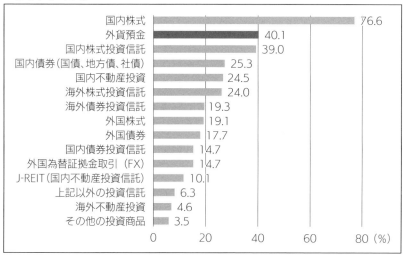

（出所）ナショナルオーストラリア銀行「投資に関する調査」（2014年8月19日）

■ 図表32　各地域・国別に見た富裕層の金融資産割合

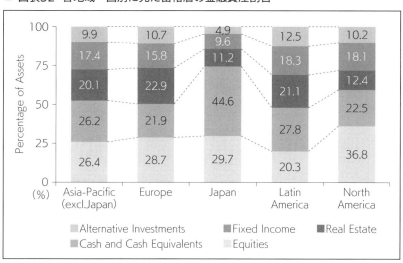

（出所）キャップジェミニ「World Wealth Report2018」

の株式や債券、株式投信などを利用していること、４人に１人が国内の不動産投資を行っていること、その一方で海外の不動産投資は4.6％と必ずしも浸透していないことが特徴といえます。特に海外の不動産投資の場合、今後節税という視点では難しくなることから、運用対象として検討される人は減る可能性もあります。なお、利回りという観点からは、世界的な金融緩和が続く限り魅力に映ることでしょう。利回り重視の富裕層であれば、海外不動産も組み込まれる可能性があります。

　キャップジェミニが調査を行う「World Wealth Report 2018」によると、金融資産100万ドル以上保有する日本の富裕層は、現金もしくは預金の比率が44.6％、それ以外を資産運用にまわす資金としていることがわかります（**図表32**）。これは、他の国・地域における現金もしくは預金の比率が20〜25％であることに比べると保守的であり、日本の富裕層は債券や不動産の投資比率が低いことがわかります。低金利、バブル時代の教訓が生きているのかもしれません。

第三部

ドクターの実態

第三部　ドクターの実態

21. データに見る医師数と平均年収

全国届出医師数は約33万人、平均年収は1,169.2万円

◉ 人口対比で医師数が多いのは徳島県、京都府、高知県

　厚生労働省「平成30年（2018年）医師・歯科医師・薬剤師調査の概況」によると、平成30年12月31日現在における全国の届出「医師数」は327,210人。人数は平成20年と比べて4万人ほど増加しています。これほどの人数がいて、その多くが高年収を得られる職種というのは、ほかにはないといってよいでしょう。

　医療施設（病院・診療所）に従事する医師を性別に見ると、男性が243,667人で、平成28年調査に比べて3,213人、1.3％増加しています。女性は68,296人で、平成28年調査に比べて3,991人、6.2％増加しています。

　医療施設に従事する人口10万対医師数は246.7人で、平成28年調査に比べて6.6人増加しています。都道府県別に見ると、徳島県が329.5人と最も多く、次いで京都府323.3人、高知県316.9人と続きます。

　一方、最も少ないのが埼玉県169.8人、次いで茨城県187.5人、千葉県194.1人となっています。人口比からいえば、徳島県、京都府、高知県などでは医師向けの営業を強化するメリットがあるといえるでしょう。

◉ 勤務医より開業医のほうが年収が高い傾向

　厚生労働省「令和元年賃金構造基本統計調査」によると、令和元年

70

における医師男女の平均年収は1,169.2万円。男女別に見ると、男性
医師の平均年収は1,226.9万円、女性医師の平均年収は1,016.4万円
となっています（**図表33**）。女性医師が増加していることもあり、女
性医師の平均年収がじわじわ上がってきていることがわかります（**図
表34**）。

　なお、年収は病院の規模によっても大きく異なります。特に平均年

■ 図表33　医師の平均年収（令和元年）

	合計	男性	女性
平均年収	1,169.2万円	1,226.9万円	1,016.4万円
平均月収	91.0万円	95.5万円	79.0万円
年間賞与	77.2万円	80.5万円	68.3万円
平均年齢	40.7歳	41.6歳	38.2歳
勤続年数	5.2年	5.5年	4.4年
労働時間	156時間	157時間	154時間
対象者数	67,070人	48,690人	18,370人

（出所）厚生労働省「令和元年賃金構造基本統計調査」

■ 図表34　医師の平均年収の推移

	合計	男性	女性
令和元年	1,169.2万円	1,226.9万円	1,016.4万円
平成30年	1,161.1万円	1,220.5万円	924.8万円
平成29年	1,232.7万円	1,313.0万円	1,041.6万円
平成28年	1,240.0万円	1,300.7万円	1,081.5万円
平成27年	1,093.2万円	1,179.4万円	869.5万円
平成26年	1,154.0万円	1,237.3万円	947.7万円
平成25年	1,071.8万円	1,149.9万円	884.1万円
平成24年	1,143.5万円	1,213.0万円	956.8万円
平成23年	1,169.2万円	1,238.3万円	989.3万円
平成22年	1,140.7万円	1,211.4万円	931.0万円

（出所）厚生労働省「各年賃金構造基本統計調査」

収が高いのはクリニックの開業医であり、全体的に見ても規模の小さい病院で働く医師のほうが年収が高くなる傾向にあります。

　なかでも特徴的なのは、開業医の年収が高い点です。もちろん、民間病院の勤務医も年収は一般の職業に比べて高いといえますが、どの系列の病院か、地方か都市部かでも年収は異なってきます（離島など地方のほうが医師の確保が難しいこともあり、高収入であるケースがあります）。

　また、大学病院の場合、給与は民間病院よりも低いことがあります。特に国立大学病院の場合、公務員の年収を基準に算出されるため、収入面からは開業医に比べて魅力的とはいえない部分もあることでしょう。ただし、教授や准教授などの地位を得ることで権威も収入もアップすることになります。いずれにせよ、医師は年収1,000万円以上得られる職種であることは想像に難くないといえるでしょう。

22. 医療経済実態調査に見る医師の経営状況

人件費の伸びが収益を圧迫し、
一般病院の3分の1で赤字が続いている

◉ 一般病院の収支差率はマイナス3.0％程度と低迷

　医師の年収は高く、人数も結構いることがわかりましたが、病院の経営状況はどうなのでしょうか。より具体的に厚生労働省「令和元年医療経済実態調査」をもとに、病院の経営状況を確認していきましょう。なお、令和元年医療経済実態調査は、2018年度および2017年度の2期間について実施したものであり、有効回答率は5割超となっています。

　まず、一般病院全体の経営状況は、赤字が続き厳しい状況となっています。1施設当たりの損益状況を見ると、一般病院の全体平均は、2017年度の収支差率▲3.0％から2018年度には▲2.7％となっており、若干ですが収支差率は改善しています（**図表35**）。とはいえ、赤字の状況です。金額ベースでは、2018年度は9,637万円の赤字となっています。一般病院の医療法人の3分の1が赤字です（**図表36**）。

　特に公立病院（都道府県立、市町村立、地方独立行政法人立）では、2018年度は▲13.2％、国立病院（独立行政法人国立病院機構、労働者健康福祉機構、国立高度専門医療研究センター）では▲2.3％となっています。公立病院の赤字が突出しているのです。

　その理由としては、収益よりも人件費などの伸びが大きいことを挙げることができます。精神科病院は、一般病院に比べて医業収益の伸びが小さく、損益差額率も水面上ぎりぎりのままとなっています。

医療品や診察材料を抑制できる個人診療所は黒字

　一方で開業医（個人診療所）は、黒字となっています。医業収益自体は横ばいですが、医薬品費や診療材料費などを抑制できているためです。

　全体としては、医療現場では経営は厳しい状況が続く一方で、人員不足や過重労働などの問題も起きています。医療従事者においても働き方改革が求められており、医師の勤務場所に係る算定要件の緩和、看護職員の夜間等の負担軽減などを行いつつ、収益も考慮する必要がある板挟み状況となっているのです。

　なお、一般病院全体では、看護職員、医療技術員等が増加していますが、医療法人の１人当たりの給与費は、国公立に比べて100万円前後かそれ以上低くなっており、タスクシフティングに向けた多職種の採用が難しいことを中央社会保険医療協議会は指摘しています。

■ 図表35　病院・損益差額率
＊一般病院の損益差額率は▲2.7%となっている。

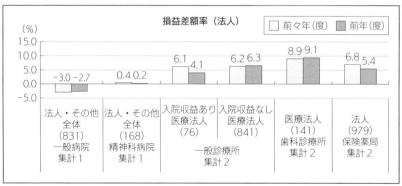

＊中央社会保険医療協議会「第22回医療経済実態調査（医療機関等調査）報告-令和元年実施-」から作成。
（出所）公益社団法人日本医師会「第22回医療経済実態調査（医療機関等調査）報告－令和元年実施－について（令和元年11月27日）」

■ 図表36　一般病院（医療法人）損益差額率の分布

＊一般病院の医療法人の3分の1が赤字となっている。

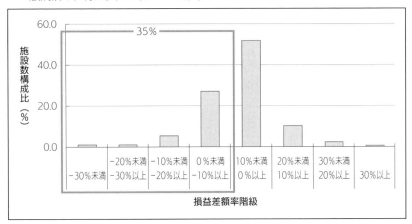

＊中央社会保険医療協議会「第22回医療経済実態調査（医療機関等調査）報告-令和元年実施-」から作成。

（出所）公益社団法人日本医師会「第22回医療経済実態調査（医療機関等調査）報告－令和元年実施－について（令和元年11月27日）」

診療所院長の平均年収は2,807万円で、開業医マーケットが営業の狙い目

◉ 医療法人立病院長が最も高く3,042万円

　病院長の年収と聞いて、皆さんはいくらぐらいを思い浮かべるでしょうか。数億円？　数千万円？　その実態が厚生労働省「令和元年医療経済実態調査」からわかります（**図表37**）。

　この調査結果からわかることは、一般病院長のなかで平均年収がもっとも高いのは医療法人立病院長であり、3,042万円（万円未満省略、以下同）となっています。次に公立病院の病院長が2,131万円、国立病院の病院長が1,918万円となっています。全体の平均は2,674万円です。病院の経営状況などにより大きく異なるでしょうから、あくまで平均は目安です。開設主体別に見ると年収格差があることがわかります。医療法人立と国立では1,100万円余りの開きがあります。

　勤務医の平均年収を見ると、医療法人立病院は1,640万円、国立病院は1,431万円、公立病院は1,513万円です。病院長の年収に比べて年収にそれほど大きな差がないことがわかります。

　開業医（診療所）はどうでしょうか。診療所院長の平均年収は、医療法人立の場合で2,807万円となっています（**図表38**）。病院長の年収だけを見ると一般病院も診療所もそう変わらないのかもしれません（開業医の場合、診療科によって大きく異なります）。

　診療所の勤務医は1,054万円、個人立（個人経営）の医師は1,079万円です。いずれも高年収であることには変わりませんが、かといってドクターといっても億を超えるような超高額な収入を得ている人は

■ 図表37　一般病院全体の平均年収（2018年度）　　　　　　（単位：円、%）

開設者		平均給与年(度)額（①）	賞与（②）	①+②	金額の伸び率
国　　　立	病院長	14,408,414	4,774,885	19,183,299	△2.0%
	医　師	11,730,422	2,589,089	14,319,511	2.2%
公　　　立	病院長	17,532,722	3,781,452	21,314,174	1.3%
	医　師	12,904,697	2,234,704	15,139.401	0.2%
公　　　的	病院長	18,493,987	3,920,727	22,414,714	2.3%
	医　師	12,290,619	2,039,834	14,330,453	0.5%
社 会 保 険関 係 法 人	病院長	13,469,050	8,058,623	21,527,673	△0.1%
	医　師	11,795,929	2,895,978	14,691,907	△4.2%
医 療 法 人	病院長	29,996,785	426,639	30,423,424	△0.5%
	医　師	15,742,149	664,977	16,407,125	0.5%
そ　の　他	病院長	23,540,696	1,358,773	24,899,470	0.2%
	医　師	12,870,640	1,326,012	14,196,652	△1.1%
法人その他全　　　体	病院長	25,064,817	1,669,748	26,734,565	△0.1%
	医　師	13,224,363	1,682,084	14,906,447	0.0%
個　　　人	病院長	―	―	―	―
	医　師	15,758,941	214,112	15,973,054	2.0%
全　　　体	病院長	25,079,885	1,667,447	26,747,322	△0.1%
	医　師	13,229,342	1,679,201	14,908,542	0.0%

（出所）中央社会保険医療協議会「第22回医療経済実態調査（医療機関等調査）報告（令和元年11月13日公表）の概要」

少ないのかもしれません。

◉ 歯科医の院長の平均年収は1,429万円

　参考までに、歯科医の実態についても医療経済実態調査から挙げておきます。医療法人が経営する歯科医の院長の平均年収は1,429万円、勤務医は564万円となっています。個人の歯科医師の場合、平均年収は660万円です。これだけでは一概には言えないものの、医師に比べて歯科医師の年収は見劣りします。院長と勤務医の年収に大きな差が

（医療法人）　　　　　　　　　　　　　　　　　　　　　　　　　　　　（単位：円、％）

	前々年（度）			前年（度）			金額の伸び率
	平均給料年(度)額（①）	賞与（②）	①+②	平均給料年(度)額（①）	賞与（②）	①+②	
院長	28,164,525	63,310	28,227,835	27,981,384	89,777	28,071,161	▲0.6%
医師	11,024,052	145,934	11,169,986	10,339,531	202,215	10,541,746	▲5.6%
看護職員	3,234,496	655,866	3,890,362	3,247,816	666,231	3,914,047	0.6%
医療技術員	3,562,626	690,035	4,252,661	3,605,324	710,872	4,316,196	1.5%

（出所）中央社会保険医療協議会「第22回医療経済実態調査（医療機関等調査）報告（令和元年11月13日公表）の概要」

あることもわかります。今や歯科医院の数はコンビニの数よりも多くなっていること、歯科受診率が低下していることなどにより、歯科医の収入が低下傾向にあるからだと考えられます。

　ここまで賃金構造統計基本調査により医師全体の動きを確認し、医療経済実態調査によって病院長や開業医、勤務医の実態を把握してきました。皆さんが営業開拓を行うという視点でいえば、開業医にうまみがあるといえるかもしれません。一般病院長に比べて人数が多く、法人向けの提案であれば、院長の一言で保険などの加入も決まる可能性が高いからです。もちろん、個人向けの提案であれば、勤務医も含めてどこにでもチャンスはあると思います。

24. 医師向け雑誌に見る医師のニーズ

高級車、高級腕時計、宝飾品、旅行、神社仏閣、科学、美術、ジャズが人気

◉ 医師との距離感を縮める話題に強くなること

　ドクターに対して営業アプローチをかける場合に、どんな話題が適しているでしょうか。もちろん、提案したい内容、たとえば資産運用、相続対策、融資、保険などの営業トークは必須です。ただそれだけでは、ドクターと仲良くなるアプローチとしては弱いでしょう。

　彼らの全般的なニーズを探り、どういったところに興味があるのか、どんな話題をふると次回の面談にもつながるのかといった観点から検討することが重要です。いかに普段からお付き合いができるか、気軽に接してもらえるようになるかがポイントです。

　「この営業担当者は、私たち（医師）のことをわかって話をしてくれる」。そう思っていただくためにはどうすればよいでしょうか。一つの方法として、医師が読んでいる雑誌や新聞から、どういったことに興味があるのかを探る方法があります。

　「precio（医師、人、プレシオ）」という医師向けのライフスタイルマガジンがあります。年6回、奇数月の27日に発行されている、無料配布のダイレクトマガジンです（**図表39**）。首都圏版は東京、神奈川、埼玉、千葉に、東海版は愛知、岐阜、三重に、関西版は大阪、京都、兵庫エリアで発行されています。読者対象は地域限定で、医師とその家族です。商圏内の病院・医院の約95％を網羅しているとのことです。

　「precio（医師、人、プレシオ）」は、2006年に東海地域から創刊さ

れ、その後、関西版、首都圏版が創刊されました。各地域において記載されている内容は異なりますが、基本的にはその地域の医師のニーズをくすぐるような記事が掲載されています。

◉ 数千万円の時計や外国車にも興味

　記事や広告の内容は、高級車、高級腕時計、宝飾品、旅行、神社仏閣めぐり、歴史、科学、美術、ジャズ、不動産など富裕層好みの内容となっており、一般の方向けの雑誌とはかなり異なっています。なかには数千万円の時計や外国車の広告も見かけます。

　こうした記事や広告からいえることは、医師のなかにそうしたものに興味を持つ方が多いであろうということ。どんなブランドが人気があるのか、価格はどれくらいするのか。そうした点がわかるようになると、ドクターが身につけている時計ひとつでも話題が広がります。こうした観点から雑誌を見ていくと、さまざまな話題提供の切り口が見つかることでしょう。

▐ 図表39　precio（医師、人、プレシオ。）

発行部数	2017年12月段階で、首都圏版で70,150部
発行日	奇数月27日発行（年6回）
発行元	メディアネットコミュニケーションズ
媒体概要	開業医・勤務医およびその家族などを主な読者層として、主要商圏（首都圏、東海圏、関西圏）内の病院、医院、歯科医院へダイレクトに無料配布されている。高級車や高級腕時計などラグジュアリーな誌面はもちろん、歴史や科学、美術等知的好奇心を満たす幅広い編集内容となっている。

（出所）precioホームページ

■ 25. 市販の医療情報誌も役に立つ

医学部受験予備校の広告など、
医師が注目している情報を入手できる

◉「日経メディカル」で医療業界の最新情報をつかんでおく

　市販されている医療情報誌で、医師の多くが読んでいるものには何があるのでしょうか。各専門分野の専門誌以外に、医師がよく読む医療情報誌として、「日経メディカル」があります（**図表40**）。1972年創刊と歴史のある雑誌で、医療業界の最新動向が掲載されています。診療の第一線に立つ臨床医のための医学・医療情報誌であるため、その内容を理解するということではなく（正直何が書いてあるか専門外の人間にはさっぱりです）、医師ならではの悩み、解決方法などの特集を読みこなすことを第一目的とするとよいでしょう。

　たとえば、「日経メディカル」では、医師の相続対策に関する情報や医師の９割が相続対策を行っていないといった特集記事が組まれることがあります。インターネット版の「日経メディカル」では、医師がマイホームを買うならいつがよいのかといった視点からのコラムや、兄弟間の相続トラブルなどのコラムが掲載されています（詳細は会員登録が必要）。こうした特集記事やコラムは、医師へのアプローチをかける営業担当者にとって情報の宝庫といえるでしょう。

　一般の人向けとは異なり、医師だからこその対策内容など、ほかにはない情報を得ることができる場合があります。毎月10日に発行されますので、中身を確認してこれは知っておきたいという内容があれば是非読んでおくべきです。そして、その内容を顧客である医師に簡明に伝えることで、「医師にとって必要な情報を教えてくれた」と感

謝され、その後の営業展開にもつながっていくのです。定期購読は一般の人でも申し込み可能です。もしくは、顧客である医師から何か情報となるものが掲載されていなかったかどうか、相続や資産運用といった観点から聞いてみるとよいでしょう。

◉ 医師向け雑誌の広告にもヒントが隠されている

広告にも注目してみましょう。たとえば、12月〜1月頃になると、医学部受験予備校の広告が掲載される場合があります。そうした広告から医学部予備校の相場を知ることができます。また、特集として医学部受験などの特集が組まれることもあります。受験費用や学費などを知ることができるかもしれないため、注目に値します。実際、医師の多くは子どもも医学部に進学させ医師にしたいという気持ちをお持ちです。こうした費用などを知ることができれば、面談時の一つの話題として提供することができます。広告や特集は医師のニーズをくみ取るヒントとなるツールであると捉えてください。

◉ 医師がよく見るサイト「m3.com」

もう一点、勤務医・開業医が見るインターネットのサイトについても記載しておきます。そのサイトとは、「m3.com」です。「m3.com」に登録する医師は28万人以上、薬剤師は16万人以上、その他含めて医療従事者は90万人以上が登録するという大規模な医療従事者のための情報サイトです。日々の診療や臨床、医学研究に役立つ医薬品情報や医療ニュースなどが掲載されています。

特に注目したいのが、医院開業や経営などのコンテンツです。医院開業のための事業計画書の作成ポイントや開業1年前までに準備すべきチェックリストなど開業関連の特集記事を読むだけでも営業担当者

にとっては有益な情報となることでしょう。節税という視点や資産運用、経営に関する質問、回答なども見ることができます。

　ただし、残念ながら医師など医療従事者でなければ、このサイトを閲覧することができません。医師にはIDとパスワードが送付されます。そのため、顧客である医師の同席のもと、サイトを見させていただき、保険や相続、資産運用といった観点から、有益な情報がないかどうか記事を探し、話題提供することがよいかもしれません。

　たとえば、開業を考えている医師が顧客にいれば、「先生、『m3.com』というサイトに開業ノウハウに関する記事があるかもしれません。一度見てみませんか？」といった話をし、ともに探していけば、皆さんも情報を得ることができ、かつ医師とのコミュニケーションをはかることができるのではないでしょうか。

■ 図表40 「日経メディカル」の概要

雑誌：日経メディカル
毎月10日発行（年12冊）
一部売価格　860円
購読料金（税込）
　1年（12冊）8,560円　3年（36冊）17,120円

（出所）日経メディカルホームページ

医師団体では医師向け年金や
賠償責任保険を取り扱っている

◉ 日本医師会が取り扱う日本医師会年金、日本医師会医師賠償責任保険

　医師が活動していくうえで、加入する団体にはどのようなものがあるのでしょうか。有名な団体として、日本医師会と全国保険医団体連合会があります（**図表41**）。

　日本医師会は、1916年に北里柴三郎博士により設立され、1947年に社団法人に、2013年に公益社団法人となりました。47の都道府県医師会の会員から構成されています。令和元年12月31日段階で会員数は約17万2千人。会員の大部分は、診療所および病院の管理者である医師と勤務医です。

　営業アプローチに関連する内容でいえば、日本医師会では「日本医師会年金」を運営しています。およそ38,000人が加入する私的年金として、日本医師会会員の福祉を担う大きな柱となっています。

　また、日本医師会会員に、万が一の医療事故が発生した場合に備えて、1973年から「日本医師会医師賠償責任保険」などがもうけられています。このほか、2015年10月に施行された医療事故調査制度にあわせて、「日医医療事故調査費用保険」がスタートし、医療機関が院内事故調査で支出した費用を補償しています。

◉ 全国保健医団体連合会が扱う大型生命保険、休業補償保険

　全国保険医団体連合会は、公的医療保険で良い医療の充実・改善を通じて国民医療を守ることを目的に、1969年に結成されました。こ

の連合会は、全国47都道府県・51保険医協会・保険医会により構成され、医師だけではなく歯科医師も加入しているのが特徴です。

　現在では、10万7,000人を超える加入者を擁し、開業医の63%が加入するとともに勤務医約2万人が加入する団体へと発展しています。

　全国保険医団体連合会では、全国保険医新聞を発行しており、さまざまな医療情報が掲載されています。また、各地にある保険医協会でも、個々に地域の保険医新聞を発行しています。この保険医新聞では、その地域での勤務医のための開業セミナーなどの告知を行っているほか、医師向け保険として「大型生命保険」「休業補償保険」「保険医年金」などの取り扱いに関する告知が掲載されていたりします。

　医師会や保険医協会の年金、保険の内容は一般向けのものとは異なり、医師独自のものであるため、内容はしっかり確認しておきましょう。保険会社で一般の人が加入するものよりも優遇されている面があります。医師ならではの保険や年金を知り、まずはそれに加入したほうが得であることを伝えるのもよいと思います。

■ 図表41　医師団体の刊行物

日本医師会	日本医師会雑誌	月1回発行され、全会員に配付される機関雑誌。年に2回特別号も発行している。（発行部数約17万部）
	日医ニュース	月2回発行され、全会員に配付される医政の分野を扱うニュースレター。（発行部数約17万部）
	JMA Journal	日本医師会と日本医学会で発行するオンライン・オープンアクセスの英文医学総合雑誌。
	年次報告書	年1回発行される、日本医師会の主張、施策、諸活動を中心に編纂した学術書。
全国保険医団体連合会	全国保険医新聞	毎月3回、約11万部発行。会員を主な読者とし、医療をめぐる情勢や国民医療改善の課題、日常診療の充実などの話題で紙面を構成している。
	月刊保団連	医院経営、雇用管理、税務などが特集として組まれることもある。診療報酬関連やパンフレットなどの「臨時増刊号」も発行。

（出所）日本医師会、全国保険医団体連合会各ホームページ

第四部

ドクターマーケットの開拓法

■ 27. ライバルとの差別化をはかる

お客様に合った情報を取捨選択して、誰よりも早く届けることが大事

◉ 付加価値の一例「情報をいかに早く届けるか」

　富裕層には、必ずといってよいほど良き相談相手がついています。ドクターのなかでも、特に開業医の先生の場合には、経営という視点から顧問税理士や経営コンサルタントが良き相談相手としてサポートしています。もちろん、金融機関が資金繰りの観点からサポートしている側面もあります。

　良き相談相手は1人とは限りません。一般的には、複数の相談相手がいると考えられます。これは、セカンドオピニオンも含め、さまざまな情報を取り寄せるといった目的があります。将来的には顧客にしたい。そんな思惑を描きながら、情報提供を行う金融機関や経営コンサルティング会社なども多いです。

　こうした状況下で、「いかに他の情報と差別化を図るか」「他の情報よりも役立つ情報を提供できるか」「いかに付加価値をつけることができるか」といったことを重要視し、どう情報提供を行うかを真剣に考える必要があります。ドクターの良き相談相手となれるように工夫していきましょう。

　それでは、付加価値をつけるにはどうすればよいのでしょうか？たとえば「他社よりも早く情報を届ける」というのも差別化のひとつです。税制改正内容など毎年決まって情報が提供できるものなどは、いかに早めにお伝えできるかという視点も重要となってきます。もちろん、「他社よりも詳細な情報を届ける」「ドクターのニーズに合った

分析を行い、その後の資産運用や相続対策などに活用できる実行力を伴った情報提供を行う」ことも意義のあることです。

　こうしたドクターが役に立つと認識してくれる情報を提供するためには、日々どんな情報を欲しているのか、私たちが提供できるものは何かを考え、その情報をウオッチしておくことが重要です。

◉「経済情報は資産防衛」の観点が重要

　それでは、どのように情報収集を行えばよいのでしょうか。たとえば、資産運用を希望するドクターに対してであれば、経済のファンダメンタルズ情報の提供は必須です。すでに運用している投資信託や株式などに関連する情報はもちろんのこと、今後を占う金利、株価、為替などの市場関係の情報を聞きたがっているドクターも多いと思います。そうした情報を伝える際、常に「経済情報は資産防衛」という観点から伝えるように心がけてみましょう。

　次に、情報の入手ルートについて。金融機関職員であれば、まずは自社で取り扱う投資信託などのレポート、運用報告書が参考になります。このほか、シンクタンク等の調査機関が提供するレポートなども役に立ちます。

　ただし、こうしたレポートには、執筆者の主観が入っているケースがあるので注意が必要です。また、すでにマーケットが織り込み済みの情報である場合には、「今さら情報を提供してもらっても」と思われ、かえってマイナスのイメージを与えてしまう結果になりかねません。こうした点には十分注意し、真に新しい情報を取捨選択して伝えることができるようにならなければなりません。

　時には、「日経メディカル」など、ドクターが読んでいると思われる雑誌をもとに話題を取り上げることもよいでしょう。ターゲットと

するドクターが毎日読んでいる新聞と同じものを読む習慣を身につけ、新聞から話題を広げるのもよいと思います。知っている内容を掘り下げて話すことができれば、普段は経済などに興味がないドクターであったとしても少しは関心を示すはずです。

　なお、こうした情報は新鮮なうちに提供するのが基本です。ただし、適切な分析をしたうえでタイミングを見計らって、ドクターのニーズにマッチする時に提供したほうがよい場合もあります。特に決まった制度など陳腐化しない情報の場合には、実際に利用するタイミングでの情報提供が好まれることでしょう。常に素早くなんでも提供すればよいのではなく、お客様にベストなタイミングを見計らって提供できるような配慮が大切です。

……… いま注目される!?　金価格の将来性 ………

　2000年以降、中長期的に見て金価格は上昇しています。その理由は何でしょうか？

　まず、世界情勢が不安定になればなるほど金価格は上昇する傾向にあります。コロナウィルスといった感染症問題も世界情勢を不安定にさせることから、金が買われる状況が発生しました。

　二つ目の理由として、金利との関係を挙げることができます。景気が悪くなると、各国の中央銀行は金利を下げ、景気を安定化させようとします。この結果、相対的に見て利息の付かない金資産にメリットが生じ、金が買われるのです。

　三つ目の理由として、物価との関係を挙げることができます。世界を見渡せば、金はインフレに強いとされており、物価の上昇に金価格上昇も連動する傾向があるため、価値は目減りしないのです。

　そして、なんといっても金の希少性という価値を忘れてはなりません。世界的に人口が増えるなかで、金は無限に採掘できるわけでもなく、需要のほうが供給より高まるおそれがあるのです。有史以来発掘された金の総量は、オリンピック用50メートルプールの3杯半ほどと言われています。

　こうした理由から、世界的に見て金価格が上昇したのです。金そのものが無価値になることはなく、むしろ今後さらに重宝される可能性のほうが高いのではないかと思います。長期的に見ると、金価格の将来性は期待できると言ってよいのではないでしょうか。富裕層も資産の一部として金を保有する傾向が高まっています。

28. 医師向けの商品知識・関連知識を身につける

知識が「ニーズ発見」の役に立ち、実践が「面談力」「提案力」を育む

◉ 機会損失を減らすための効率的な営業活動が重要

　さまざまな情報提供を行うことは、あくまでドクターとの接点をつくる、お客様をつなぎとめるための手段であり、それが最終目標ではありません。皆さんが目指すのは、ドクターであるお客様に対して、運用商品や保険商品の販売、融資といったビジネスにつなげることですよね。そのためには、いかに面談中のお客様に対して、自信をもって金融商品などの説明が行えるか、あるいはお客様のニーズを満たすべく努力していることが伝わるか。結局は地道な努力とお客様に寄り添う姿が、その後の富裕層の行動に影響を与えることになります。

　そもそもほとんどのお客様が、どの金融機関にどんな金融商品があるのか、どの会社がどんなサービスを提供しているのかといったことを詳しくは知りません。ましてや専門外のことであればなおさらです。だからこそ、営業担当者の皆さんはできるだけ多くの商品知識を蓄え、関連情報を収集する必要があります。

　ビジネスの成否は、お客様との会話のなかで、いかにニーズに合った最適な商品を説明できるかにかかっているといっても過言ではありません。商品やサービスに関する知識があればあるほど提案できる引き出しは増えますし、場合によっては「こんな提案は他の会社からはなかった」と感謝されることがあるかもしれません。

　ドクターマーケットの開拓に限らず、富裕層の開拓において重要なことは「いかに機会損失を減らすか」。時間は皆同じだけ与えられて

います。同じ時間のなかで、いかに提案し、受け入れてもらえるか。効率よく実行していくことが重要です。

◉ 豊富な商品知識や関連知識が解決策の提供につながる

たとえば、新商品が発売されたときには、その新商品にはどういった特徴があり、どんなニーズにマッチするのかを事前に叩き込んでおきます。いつ何時、ふとした話のなかで「お客様のニーズにマッチした新商品があります」と提案できるかもしれないからです。

ただし、最初からその商品を販売するという意識をもって話すことは避けるべきです。自然の流れに任せて、提案できるタイミングで行ったほうがより話に乗ってくれることでしょう。もちろん、新商品が出たばかりであれば、それを話題の切り口として、成約第一号となるべく駆け回るといったチャレンジもしてみるべきです。

また、商品知識だけではなく、関連する知識の習得も怠ってはいけません。関連知識があれば、お客様との会話のなかで切り返しができるからです。

たとえば、遺言や相続の話になった時に、「うちは子供たちの仲が良いから大丈夫。事前に対応する必要はないと考えている」といわれたら、皆さんはどう対応しますか。強引に「遺言は作っておくべきです」とはいえませんよね。

強引に話を展開することはできず、かといってそこで話が終わってしまえば機会損失につながってしまいます。それを避けるためには、たとえば「調停件数が増加傾向にあること」「遺産分割を行うまでは仲良くしていた兄弟が、その後関係を断絶したケースも少なくないこと」などを伝えるのです。

ほかにも「いつ何が起きるかわからない」といった事例を引き出す

のもよいかもしれません。そのうえで「私どもでは〇〇までの対応を
いたします」といった、お客様のわずらわしさを解消する提案ができ
れば、お客様のその後の行動に変化を与えることができるはずです。

◉「お客様から学ぶ」の実践のために実務経験を数多く積む

　関連知識・事例を習得するには、書籍や新聞などでコツコツ地道に
学習するほか、実務経験を積み、事例をストックしていくことが何よ
りです。もっとも効率よく身につくのは、お客様から学ぶことです。
ドクターなど富裕層のお客様の場合、ほとんどがケースバイケースで
同じ提案がいつも通るわけではありません。お客様への提案、実行と
いう経験を積み重ねることによって、はじめて他のドクター等富裕層
のお客様のケースに活かすことができるのです。同時に関連知識や商
品知識のブラッシュアップも必要不可欠です。それを怠らないよう
日々研鑽する必要があります。

　それだけで終わりではありません。アフターフォローを怠らないよ
うにすべきです。アフターフォローを怠れば、ドクター等富裕層の信
頼を真につかむことはできません。情報提供以上にいかにアフターフ
ォローを行うかを真剣に考えてください。できるだけ会って話をして、
この人がいないと困ると感じてもらえるかどうか。そして、新しい情
報提供のために会ってほしいと伝えたときに、すぐに会ってもらえる
関係を作っていきましょう。

既存先は必ず面談して情報収集、新規先は紹介&飛び込み訪問で開拓する

◉ 訪問して会わなければわからない生の情報を入手すること

　何から始めたらよいかわからない。これは多くの営業担当者が経験する悩みです。その場合に、既存顧客への対応なのか、新規顧客の開拓なのかで話が変わってきます。

　既存顧客の場合、金融機関であれば預金残高や資産残高等の実績をもとに富裕層と判断できる顧客をピックアップします。ヒアリングをもとに聞き出したデータなどを確認することにも取り組みましょう。

　ただし、この場合には、自社では預かり資産などが少なくても、他社では多く取引を行っている場合があるため、預かり資産などわかっている範囲だけで判断しないように心がけましょう。

　既存顧客への訪問では、まずは特に富裕層と思われるドクター顧客から訪問し、それが一通り終わったら担当する全ドクターを当たるようにしましょう。この時に実際に訪問し、周辺の状況や自宅の様子を自分の目で確認することが重要です。これは、行ってみないとわからないことが多々あるからです。

　たとえば、自宅を見ればどれくらいの資産がありそうかをある程度把握することができます。また、話をすることによって、家族環境の変化や他社との関係、これまでの担当者（前任者）との経緯なども把握できます。環境の変化などを聞き出すことができればチャンス到来で、それに対応する情報の提供を行うことによって、他社との差別化も可能になります。

　そして、以前の担当者があまり積極的ではなかったドクター顧客がいるならば、是非当たってみるべきです。まったくアプローチできていなかった先ほど当たるべきなのです。よくあるのが、前任者がなぜか来なくなり、徐々に関係性が薄れていったというケースです。

　こうしたお客様とは、アプローチすればお会いすることは可能だと思います。なお、既存顧客を訪問するときは、前もって必ずアポイントを取ることで、時間の無駄をつくらないようにしましょう。その際、気をつけなければならないのが、面談内容を電話等で話してしまうと、「内容がわかったので来なくていいよ」となりかねないことです。

　そうしたケースを避けるためにも、「会って話をしたい」旨、強く伝えましょう。有意義な話を聞けるかもしれないと期待を抱かせ、実際にその期待に即した提案ができるよう準備を行ってください。ヒアリングをしながら困っていそうなことを聞き出し、まずはそれに関連する情報を提供する。そして、そのうえで対応策を提案するといったフローの関係性を構築するという訪問目的を明確にすることが重要なのです。

◉ 紹介と飛び込み営業を実践しよう

　新規のドクター顧客にはどう対応すればよいでしょうか。効率よく新規開拓を行うためには、紹介による開拓が一番です。たとえば、既存のドクター顧客や取引先、税理士など士業の先生等、関係各所から紹介を受けるのが効率的です。その際に、できるだけお互いにギブ＆テイクの関係になれるようにしましょう。先方が「しっかり相談に乗ってくれる信頼のおける担当者だ」と感じてくれれば、紹介も多くなることでしょう。

　また、紹介だけではなく、飛び込み営業も行ってみましょう。ただ

し、一軒一軒当たるのではなく、既存顧客を訪問する際に、近くのドクターで新規開業するようだ（新規開業した）といった情報を聞けるのであれば聞いてみましょう。紹介してもらえれば一番ですが、なかなかそうも行かないケースもあるでしょう。その場合には、飛び込み営業をすることも必要だと思います。既存顧客から情報を聞き出したり、近くにある医院を訪問したりなど、時間の無駄を極力減らすことを検討すべきです。

　なお、飛び込み営業を行う際の一般的な注意点として、既に口座を開設しているなど実は既存顧客ではないかどうか、またドクターではあまりないかもしれませんが、訪問してはいけない先かどうかも確認しておきましょう。場合によっては、マネーロンダリング等に関与することがないよう注意することも重要な責務といえます。

30. 新規開業の病院をウォッチする

開業医だけでなく、MR、看護師、薬剤師などにもアプローチ

◉ 製薬会社のMRと親しくなり紹介を入手する

　開業医にアプローチするにはどうすればよいのでしょうか。勤務医も含め、医師・歯科医師は富裕層の可能性が高い職業です。そのため、銀行等金融機関、証券会社、不動産会社などこぞってアプローチしたい先であることは、ご承知の通りかと思います。

　前項でも記載しましたが、アプローチ方法のひとつに、新規にオープンしそうな病院やクリニックをウォッチする方法があります。多くの場合、建築中の建物の前に看板が張り出されていますので、この看板を確認することで何が建築されているのかわかります。もし病院やクリニックであれば、誰が建てようとしているのかを前もって調べておくべきです。

　銀行等金融機関の場合もっとも望ましいのは、病院やクリニックを建設する際にかかる開業資金の融資でしょう。これは建設前に相談に来てもらわなければ対応のしようがありません。もし皆さんが金融機関の職員であり融資を狙いたいというのであれば、顧客先が開業を決断する前、あるいは直後に紹介してもらうのが一番です。また、自前のセミナーなどを開催することにより、見込み顧客を確保するというのも一つの方法です。

　次に、こうした新規開業先に他行が入り込んでいるのは重々承知のうえで、訪問のタイミングを見計らいます。たとえば、風邪をひいたら真っ先に新規の病院に訪れ、診察が終わったあとに挨拶をします。

顧客のなかに新規開業先に出入りしている製薬会社のMR（Medical Representative、医薬情報提供者）がいれば、それとなくどういったドクターか聞いてみる、場合によっては紹介してもらうのもよいと思います。MRは、さまざまな病院に出入りしていることもあり、ドクターの素顔を知っているかもしれません。MRにもプラスになるようなコラボレーションを行い、お互いに紹介し合えることができれば、相乗効果が見込めることでしょう。

　不動産会社などの営業担当者の場合には、MRもドクターも顧客にすることで、その後の紹介が芋づる式になる可能性もあります。MRも高収入であることが見込めるからです。

◉ 看護師や薬剤師など医師の周りの人も顧客化する

　このように考えると、ドクターに関連する先はすべて開拓しがいがあることになります。看護師、薬剤師といった方も顧客にできれば医薬従事者の紹介がさらに増します。

　おおよその傾向として、同じ業界の方が何をしているかは気になるはずです。仮に先輩医師が不動産投資を行っていてうまくいっているという話を聞けば、不動産投資に興味がわいてくるものと考えられます。そうした後輩医師を紹介していただけるようになったり、同じ職場で働く看護師さんなどを紹介いただけるようになると、顧客開拓が一気に広がります。

　ただ、こうした紹介を得るためには、ある程度の信頼構築ができているのが前提です。是非地道に努力して信頼を築き上げ、そしてドクターにも潤い、頼って良かったと感じるような流れが作れるとよいでしょう。

　さらにいえば、前項の繰り返しになりますが、飛び込み営業も嫌と

思わずやってみることです。特に新規開業の場合、運転資金などに不安を持っているケースも少なくありません。また、高齢のドクターの場合、相続対策をどうするか悩んでいるケースもあります。若いやり手のドクターの場合、資産運用に興味を持つ可能性もあります。こうした状況は実際のところ聞いてみないとわかりません。なかなか突っ込んだ話は最初からはしにくいと思いますので、まずは挨拶でもいいですし、何か情報提供をといった形でもよいと思います。特に金融機関の場合には、今後のことも考えて会っておくかとなる可能性は高いと思います。積極的にチャレンジしてみましょう。

◉ 開業先にはまずは融資、その後資産運用や不動産投資の提案を

　新規開業の場合には、資金繰りが第一になると思います。したがって、金融資産を増やす観点は望めないので、まずは融資の視点から、その後ある程度返済が進むにつれて保険や資産運用、不動産投資、自宅購入などの提案となると思います。こうしたチャンスを見計らって、保険会社、不動産会社などの営業担当者は提案ができる体制を整えておくべきですし、年に何回か、少なくとも半年に1回程度はお会いし話ができるような機会を作れるよう努力していきましょう。

月初および休日明けや診察時間直後は避け、アポ取りを心がける

● レセプト作成で多忙な月初は訪問を控える

　病院やクリニックの訪問はいつ行えばよいのでしょうか。やみくもに訪問するのは得策ではありません。忙しい時期にはできるだけ避ける、といった配慮が必要です。

　たとえば、毎月1日〜10日には訪問しないほうが無難かもしれません。なぜかというと、通常、病院やクリニックなどではレセプト（診療報酬明細）の作成を月初に行うからです。

　レセプトとは、病院や診療所が医療費の保険負担分の支払いを公的機関に請求するために発行する書類のことです。このレセプトは、前月分に関して翌月10日頃までに作成し、審査支払機関に提出しなければならない決まりとなっています。基本的に診療内容とこのレセプトの内容が合致していなければならないので、医師が一つひとつ確認する必要があります。そのため、この時期は開業医、勤務医問わず診察終了後も忙しいことがしばしばです。ということは、この時期はドクターに会うことを極力遠慮されたほうがよいということになります。

　月初は提案内容を検討する、提案資料を作成する、あるいは他の富裕層開拓に力を注ぐなど、他の営業活動を行っていきましょう。

● 休診日でも診察とは異なる業務で忙しい場合がある

　曜日や時間帯の配慮も必要です。ご存じのとおり、多くの病院やクリニックが日曜日と水曜日、あるいは木曜日の午後などを休診にして

います。これは地域医師会の会合や研修会への参加、小中高校の健康診断や予防接種など、通常の診療とは異なる業務をこの時間帯に入れているからです。そういう意味では、他の業務に時間を割きたくないというのが本音だと思いますので、週の中日の休診時間帯には飛び込み訪問などは意味をなさない可能性が高いでしょう。

　もちろん、会合などに出る直前に時間を取ってくれる医師もいます。アポイント時に「お忙しい時間帯だと思いますので、他の日時でも構いません」といった一言を付け加えるなど、先方に配慮した言葉をまじえて調整するとよいでしょう。

◉ 診察中およびその直後の訪問はNG

　また、当然といえば当然ですが、診察中の訪問は最も嫌がられます。門前払いどころか、場合によっては「今後一切連絡をとりたくない」といわれてしまうかもしれないので注意してください。

　具体的には、午前・午後の診療中およびそれぞれの診療直後は避け、診療が一段落した最終受付時間から１時間ほどおいた時間帯が望ましいといえます。たとえば、午後３時などは比較的どの病院、クリニックも時間に余裕があるようです。ただし、休憩のついでに自宅に戻る先生もいらっしゃいます。できるだけアポイントを取っておかれたほうがよいでしょう。

　曜日別では、月曜日や祝日明けに最も患者が来る傾向にあるので、休み明けよりは火曜日など１日おいて訪問すべきでしょう。

◉ 医師と会う方法はさまざまある

　ここまで説明してきた通り、医師に会いたければ病院やクリニックを訪問すればよいのです。曜日と時間に配慮すれば問題ありません。

既存顧客の場合にはこれで十分対応できますが、新規顧客となるとそうはいかない場合もあることでしょう。飛び込み営業のほか、以下のような方法を検討してみてはいかがでしょうか。

　たとえば、開業医や勤務医は自らの知識の研鑽を積むために、医学的な勉強会などとは別に、経営セミナーや資産運用セミナーなど、ある程度高額なセミナーや研修会に参加することがあります。こうしたセミナー等に参加して、出会う場を確保します。

　ただし、あくまでセミナーは出会いの場にとどめ、そこで金融商品の販売などは行うべきではありません。まずは仲良くなりましょう。その後時間をかけて信頼を構築していくのです。

　出会いの場は、セミナーや研修会だけにとどまりません。ワインなどを嗜む会、スポーツジム、ロードバイクなどのサークル、高級な食事会などにも、医師をはじめ多くの富裕層が集います。多少お金はかかるかもしれませんが、こうしたお金は勉強代だと思ってチャレンジすることをオススメします。後々の人脈構築に大きな影響を与える可能性も少なくありません。そこで仲良くなり、時間をかけて信頼構築していけば、必ず何か相談したいと考えてくれたり、何か取り扱う商品を購入したいという方はあらわれることでしょう。そして、そのことで紹介など他へ波及する可能性が広がっていくのです。

　まずは配慮を最重要視しつつ、仲良くなる仕組み構築を是非検討してみてください。

32. 医師向けセミナーで集客をはかる

人気のテーマは、資産運用、相続・事業承継、医療法人の活用法、不動産投資法など

◉ 集客できるまで地道に継続してみること

　ドクターマーケットを開拓するに当たって、集客方法も考えなければなりません。ドクターが興味のありそうなセミナーを開催することをまずは検討してみましょう。最初のうちはなかなか集客できないといった状況も考えられますが、継続すること、プッシュしていくことで必ず努力が実るときがきます。

　集客力の高いテーマは、「医師向け資産運用術」「医師のための正しい財産構築方法」「医師のための相続・事業承継」「医療法人の最大限の活用方法」「忙しい医師でもできる不動産投資法」といったところでしょうか。もちろん、ご自身が所属する業界でできるテーマをもとに、医師のニーズに合ったセミナーとすべきです。

　このほか、医師向けと断定せずに、富裕層向けにセミナーを開催するといった方法も検討できます。ただし、この場合には医師が参加する確率は極端に下がる可能性があります。そこで、紹介によりセミナーに参加していただくなど誘導をはかる必要があります。

　なお、ご自身や会社でセミナーを行うのが難しい、ないしは集客不足となり得る場合には、専門家を呼んで話をしていただくことで対応することも検討できます。

◉ セミナーの時間は1時間程度と短く設定すること

　セミナーの時間は1時間程度と、ごく短い設定にしましょう。具体

的には、まずテーマに沿った一般論の解説を行い、その後に個別に質問を受け付けるといった設定です。具体的な相談に関しては別日程で予約をとる仕組みにすることで、より詳細なドクターのデータをとることができます。セミナー内容に本当に興味があるドクターであれば、アポイントを取ることが可能なはずです。

　セミナーでは、決して具体的な解決策までは提示せず、「当社であれば〇〇ができます」「こんな相談に応じることができます」といった話にとどめ、さらに関心を寄せるドクターには別日程で詳しく相談に乗るといったスタイルです。ドクターにとって「悩みを解決できるパートナーになってくれるかも」と期待してもらえるように、セミナーもうまく開催する必要があります。

　なお、セミナーですべて話す方法も考えられますが、聞いて満足してその後のアポが続かないといったことは十分考えられます。答えまですべて出すと満足は高まります。継続してさまざまなセミナーを開催し、信用度合いを高めていくといった方法であれば、１回完結のセミナー開催といった方法でもよいと思います。そして担当者がドクター顧客と仲良くなり、いろいろな提案を行っていく流れです。

◉ セミナーをシリーズ化して顧客接点を増やす

　参加者を集めるという意味では、セミナーをテーマに沿ってシリーズ化するのも一つの方法です。シリーズ化すると、日に日に参加者は増加していきます。新規のドクター顧客を毎回獲得できるようになることがベストです。ドクターのように優秀な方々の場合、統計など数字を利用して説明していくことで、より理解していただけるようなセミナーとするとよいと思います。

　開業医や勤務医が満足するセミナーにできれば、今度は向こうから

お声がかかってきます。たとえば「医師会や保険医協会で話をしてほしい」といったオファーがくるようになれば、さらに新規の医師顧客を獲得できるチャンスが広がります。

◉ 自らドクター向けのセミナーに参加して動向を把握する

　他社がどんなことをやっているのか？　これは気になるところですし、どのように集客しているのか、タイトルなども参考にできます。ドクター向けの開業・経営セミナーなど検索すれば出てくることがあります。そうしたセミナーに参加し、雰囲気を味わうほか、セミナー開催の参考としても良いと思います（医師の証明を出す必要がある場合は難しいです）。

　少なくとも、そうしたドクター向けのセミナーを他社はやっていないかどうか探すだけでも参考になります。開業医はどんな悩みを抱えているのだろう。経営に関してどんな問題点を持っているのだろう。そうした視点でセミナー集客部分からだけでもわかると、ヒントになることでしょう。

　最近ではウェブセミナーなども開催される場合があります。医師に代わって経営ノウハウを習得したり、悩み事事例を把握し、そのスキルを活用していくといった方法も検討されるとよいと思います。

営業は問題の発見とその解決方法の提案、その在処を質問の投げかけでつかむ

◉ 他社との違いをアピールする

見込み客であるドクターとはじめてお会いするときに、いったいどんな話をするべきか、迷われる営業担当者も多いと思います。たわいのない話をしつつも、ご自身およびご自身の所属する金融機関、会社をアピールしなければなりません。

すぐに具体的に何かを提案するというよりは、何ができるのか、他社との違いは何なのかを明確に伝えることを心がけましょう（**図表42**）。ここを明確にすることによって、ドクターが何か困って相談したいというときに、ご自身の名前や顔が頭に浮かぶようになるのです。

◉ 病院経営、子息の教育問題、事業承継などをヒアリング

また、最初にお会いする時に聞くべき内容は、次の通りです（**図表43**）。もっとも知るべきなのは、ドクターの考え方や価値観です。考え方がわかれば、それに応じた提案を次回以降に行うことが可能だからです。

■ 図表42　伝えるべきポイント例

- 有利なお金の貯め方、運用方法の情報を提供できる
- 老後資金の構築支援が可能
- 経営相談が可能、一生苦労しない資金計画のサポートが可能
- 個人から医療法人に変えるべき時期のアドバイスが可能
- これまで〇〇〇件の医師向けの相談を行ったことがある
- 医師向けの保険提案や経営サポートを専門に行っている
- 医師向けの不動産投資・節税の提案を中心に行っている　　　　など

■ 図表43　まず聞くべき内容

> ・**今後の病院経営に関して、将来の夢など**
> 　⇒融資、経営コンサルティング、医師個人のファイナンシャル・プランニングなどにつなげることができる。
>
> ・**お子さまの将来をどうお考えか**
> 　⇒教育資金贈与やこども保険・学資保険、ジュニアNISAなどの運用につなげることができる。また、将来の相続や事業承継も考慮して、お子さまとの取引にもつなげられるように、その後の提案も練るようにする。
>
> ・**老後に対する考え方、退職時期**
> 　⇒事業承継や老後資金対策などにつなげる。

　できる限りこちらが話すのではなく、ドクターの側から話をしてもらえるように心がけましょう。こうすることで、本音が出るかもしれませんし、何でも聞いてくれる良き相手と思ってくれるかもしれません。ドクターとはいえ、結局人間であることには変わりありませんから、悩みはいたって一般人と変わらない側面もあります。

　最終的には、ドクターの相談相手になれること。いつでも気軽に相談できる相手となることが目標です。ドクターの夢や希望を共有するとともに、問題を顕在化させ、解決手段を提供できる。そんな相談相手となっていただきたいものです。

　ご自身の専門ではない部分は、他の専門家と協力しながら支援していくことも視野に入れて、何か可能性がないかどうか、ドクターの会話の一言一言に敏感に反応していきましょう。初回の面談時に何か少しでもヒント、支援できる内容を見い出すことができれば、積極的にアプローチしていきましょう。継続は力なりです。

◉ 空き地を発見しクリニック用地として提案する方法も

「このあたりにクリニックがあると便利なのに」。そうした地域で空

き地を発見した場合、土地所有者に提案しドクターと結びつける。こうした発想を持つことができると、展開がさらに広がります。顧客のなかに地主と開業したい医師がいれば、両方に提案できます。金融機関の営業担当者であれば、融資へとつなげることも可能です。不動産業の営業担当者であれば、クリニック建設のお手伝いができるかもしれません。

こうしたマッチングケースにより、ドクターも地主も顧客にできる場合があります。地主にとっても土地活用策の提案は喜ばしいことだし、他の相談にもつながるかもしれません。こうしたマッチングを行うためにも、最初に行うヒアリングが重要です。また、定期的にヒアリングする機会を持つようにしましょう。

Column
アフターコロナを見据えた資産運用アドバイスの勘所は？

アフターコロナを見据えた資産運用は、結局今までと何ら変わりません。金融危機の時も、震災の時も、私たちは困難を乗り越え、その結果、世界全体で見たGDPは中長期的に増加しています。その時々の悪化はあったとしても、結局のところ、世界は成長し続けているのです。

そのため、アフターコロナを見据えるというよりは、淡々と世界株式投信など世界全体に丸ごと投資していくスタイルをこれからも貫いていくことが一番です。安いときに買い増していく姿勢を貫くことで資産構築は可能です。"木を見て森を見ず"の状態にならないように、最終目標を決め、それに従ってコツコツ運用していくことが一番大切なことです。

その運用中に目標に達成したのであれば、売却するかどうかを検討します。その時の経済情勢でどうするかは変わっていきます。そこは、皆さんの知識、経験を活かしどうするかをアドバイスしていきましょう。

資産運用アドバイスは、くれぐれも短期的なものにならないように。資産防衛の観点から中長期的な視点のアドバイスができるようにしてください。

34. 経営実態の簡単な見抜き方

足を運んで患者数を見れば、
盛況ぶりを確認することができる

◉ 盛況な病院・クリニックの医師には資産運用提案が可能

　セミナー等で開業医のドクター顧客との接点を持つことができたら、病院・クリニックを訪問する前に確認していただきたいことがあります。それは、患者が大勢来院しているかどうか、盛況かどうかという点です。下見のために足を運んで、盛況ぶりを確認しましょう。

　ある程度患者の出入りが多いことがわかった場合には、その病院・クリニックは経営が軌道に乗っている可能性が高いです。

　「先生、すごい盛況ぶりですね。この間たまたま通りかかったら、患者さんが多くお待ちのようでして、大変人気ですね」などと伝えれば、ドクターもうれしいことでしょう。

　「おかげさまで借金もかなり減って順調だよ」といった言葉が聞ければ、多くの提案を行うことができます。経営が軌道に乗っている病院・クリニックのドクターには、法人・個人いずれの観点からも資産運用など融資以外の視点からの提案が可能となります。

◉ 「まずは提案してみる」ことが次の一手につながる

　基本的に資産運用ニーズは、借入れがある程度減少してきている場合や、資産がある程度貯まってきている場合に生じます。もし積極的に運用していることがわかれば、他社にない情報を提供するなど、積極的に営業を展開しましょう。逆に運用にあまり興味がない、もしくは興味はあるがあまり行っていないドクターだとわかれば、少しでも

有利となる金融商品の紹介などを行ってみましょう。

　まずは、お客様に提供できるサービスを一つでも多く知っていただき、そのうえで付加価値の高いサービスを提供できることを伝えます（**図表44**）。いわないよりは、可能性があれば伝えてみること。ほんの一言が後々大きな結果をもたらすことだって十分考えられます。果敢にチャレンジする姿勢も忘れないようにしてください。

◉ 税理士や独立系FPなどとの連携も

　ご自身の専門分野はアドバイス可能だが、それ以外の部分は不安。そういった場合には、専門家と連携し付加価値を高めたサービス提供を行うことも忘れてはなりません。

　開業医の先生の場合、通常は顧問税理士がいます。税理士は個別具体的な税の計算や経営指導などを行っているものの、融資はできないため、税理士としても金融機関とのつながりを大切にしたいと考える先生は多いです。そのため、顧問税理士の先生ともお会いし、タッグを組むのです。場合によっては、その開業医の先生の話だけではなく、他のドクターに関する経営相談など波及する可能性があります。

　また、個人的な資産運用や相続対策などの場合には、独立系FPが顧問として付く場合があります。この場合にも、顧問FPともお会いし、さまざまな支援ができないかタッグを組むといったことも考えられます。顧問弁護士がいる場合には、弁護士の先生ともお会いすると提案できる幅が広がっていくことでしょう。

　そして、双方向で顧客を紹介できるような展開としていきましょう。地道にリレーションを作ることにより、最終的に税理士や独立系FP、金融機関、保険会社、不動産会社などがグループを組み、ドクターの悩みを解決するサポート体制を築けば、皆がハッピーとなり得

ます。こうしたチーム作りも、ドクターへのアプローチでは必須といえます。

◉ 相続対策や事業承継といった観点も忘れずに

　ある程度の資産を保有しており、特に資金に困っていないドクターの場合、保険や贈与、事業承継などが切り口のテーマとなり得ます。時間はかかると思いますが、まずは事業承継や相続対策などを切り口として、税制改正情報などを提供することから始めてみましょう。

　中長期的に大きなビジネスチャンスを得たいといった場合には、他社よりも先にどれだけ的確な情報を提供し続けられるか、そして信頼を勝ち取れるかが重要となります。日々の種まきを用意周到に行うこと。ドクター顧客のためにできることは何でもやる。その精神を忘れないでください。

■ 図表44　開業医に提案したい内容

	対応策
事業承継対策	後継者選び、出資持分のある医療法人の場合には相続税対策も行う必要あり
開業医自身の資産承継	開業医個人の資産額把握、相続税・納税対策、家族のライフプラン設計、保険設計、贈与など
役員退職金	退職金設計、節税対策
営業活動支援	既存顧客とのマッチング（患者さん候補の紹介など）

第五部

ドクターへの提案術

■ 35. 資産運用アプローチ

年代ごとのライフプランに合わせた
課題解決型の資産運用を提案する

[1] 数千万円以上預貯金のあるドクター顧客へのアプローチ

　30代半ば以上の医師になると、ある程度の預貯金がある人が多くなります。数千万円以上保有する人も年齢を重ねるほど多くなることでしょう。こうした預貯金を多く保有するドクター顧客には、どんな資金ニーズがあるでしょうか。

▶▶▶ 低金利の話題から資産状況をヒアリング

　まず、預貯金が金融資産の大半を占めているような人であれば、預貯金の利息がほとんど付かない状況に不満を持っている可能性があります。定期預金にお金を預ける意味があるのかどうか、特に今後満期を迎える資金をどうするか。

　定期預金が満期を迎えるお客様であれば、まず「今この資金を使う予定があるかどうか」を尋ねてみましょう。「特に使う予定はない」「実はほかにも預貯金がある」、こんなケースは結構あります。話のなかでさりげなく、どの金融機関に預けているのかを聞いてみると、概要がわかってくると思います。そして、より具体的な資産状況を把握しつつ、リスクが取れる人なのかどうかの確認も行います。

▶▶▶ 資産運用ニーズとリスク許容度を把握する

　もし、複数の金融機関にそれぞれまとまった預貯金があり、利息に不満を抱いている場合は、多少のリスクを取ってでもリターンを追求

したいとお考えかもしれません。そこで、資産運用の提案ができる可能性があります。

　この時、重要なポイントとなるのが、リスク許容度に応じた金融商品の提案ができるかどうか、つまり自社の商品だけでなくさまざまな提案の引き出しを持っているかどうかということ。自社の商品だけで解決しようとするのではなく、他社の商品も含めて包括的なアドバイスができることが望ましいでしょう。

　ドクター顧客の多くは、どちらかといえば預貯金主体だと思われます（なかにはアグレッシブに資産運用をこなす例もあります）。これは、仕事で忙しいこと、職業柄リスクはあまり取りたくない、余分なことは考えたくないというのが本音ではないでしょうか。

　しかし、そうはいっても昨今の金利には不満な人が多いわけです。そこで、こうした不満や希望をどのようにして満たしてあげるかを考えなければなりません。

　そこで、たとえばひとつの方法として、世界の先進国の国債ファンドを提案してみてはいかがでしょうか。

 先進国債券ファンドのセールストーク例

- 日本は低金利でも、他の先進国のなかには米国など日本に比べれば金利がある程度付く国もあります。
- とはいえ、金利が高ければ良いというわけでもありません。金利が高いということは、それなりにリスクもあるということです。
- そこで、リスクを減らすために、先進国に的を絞ってみてはいかがでしょうか。

こうした話題をすることにより、外国債券や外国債券を投資対象とする投資信託に興味を持っていただけるかもしれません。

[2] ライフプラン別に提案

資産運用アプローチは、さまざまな観点からアプローチができます。そのひとつの方法として、ライフプランなど目的別運用の提案があります。現状どういった状況にあるのか、ライフイベントに何がありそうかを聞き出してみるのです。

▶▶▶ 教育資金準備に子ども保険や投資信託などを提案

30代～40代といった若い世代であれば、子どもの誕生・教育資金設計や住宅購入などのライフイベントが重なる時期です。そうした資金のために預貯金で保有されている可能性もありますが、子どもの大学資金等であれば時間に余裕があるかもしれません。少しでも増やしたいとお考えであれば、学資保険や子ども保険の提案などを行ってみましょう。

また、10年後の教育資金などのための預貯金であれば、分散投資で運用の受け皿を外貨預金、国債、投資信託などに分け、「ある程度リターンを得ることができたら売却しましょう」といった提案もよいと思います。

目標金額に達したらあとは無理する必要もありません。昨今の景気サイクルに鑑みれば、7～10年程度がひとつの動きと見ることができますので、10年程度の運用ができれば、景気の良い時期に売却できる可能性は十分あると考えられます。

▶▶▶ 低金利を逆手に取ってローンの活用を提案

　また、住宅購入時にあえて「現預金を多めに残し、ローンで購入を検討してみませんか？」といった提案もできるかもしれません。低金利の今、あえて借りることをメリットと捉え、予定外の支出等に備えて預貯金を多めに残すという提案です。

　金利が低い今だからこその提案であり、これにより住宅借入金等特別控除を適用できれば、税の優遇措置も見込めます。こうした提案は、不動産会社の営業担当者であれば住宅購入のプッシュに、金融機関の営業担当者であれば融資の実績へとつなげられます。

▶▶▶ 40代後半以降のお客様には老後資産形成を提案

　主な資産運用ニーズが老後資金の構築という世代は、40代後半〜60代くらいになります。この世代で預貯金を多く保有するドクターには、定額年金（医師年金なども含む。生命保険アプローチ参照）や変額年金を奨めてみましょう。マイナス金利等の金融緩和の影響は、預貯金だけでなく、今後さらなる保険料の値上げといった部分につながるおそれもあります。「保険料が上がる前に預貯金の一部を年金として運用しましょう」といった話をするのもよいでしょう。

　また、預貯金に比べれば定額年金のほうが多少は有利であるため、安定運用を目指しながら老後資金を確保したいお客様のニーズを満たすことができます。もちろん、リスクを取ってもよいとお考えのお客様であれば、変額年金や投資信託、株式などを奨めることも忘れずに。

　一方、60代以降になると、老後資金の確保にある程度目途がついていることでしょう。ドクターの場合、生涯現役で働くことも可能であるため、目途がついていなかったとしても、老後資金の確保はできると思われます。

▶▶▶ 60代以降のお客様には相続に備えた資産形成を提案

　次に考えなければならないのが、贈与や相続です。そのため、運用という観点からは提案しにくい世代といえるかもしれません。それでも「年金の足しにしたい。資産をできれば取り崩したくない」などのニーズもあります。そこで、個人向け国債や物価連動国債による安定的な運用で収益を受け取りつつ、毎月分配型の外債ファンドも提案してみましょう。「年金の足し」と考えるお客様は、どちらかといえば安心感を求めたがる傾向にあるため、世界の先進国など格付けが高い債券を中心とした債券ファンドなどに興味を示すと思われます。

　このように、ドクター顧客のライフプランを考えながら、資産運用の提案に展開できるとよいでしょう。

［3］マーケット環境の変化に対応した提案・見直し

　数千万円以上の預貯金を保有しているドクター顧客の場合、なかなか運用自体に関心を持たれないかもしれません。また、関心を持ち運用を行っているお客様に対しても、その後のアフターフォローは重要であるため、随時マーケット環境に応じた提案や見直しを行っていきましょう。こうすることで、運用に興味をお持ちいただけるかもしれませんし、アフターフォローがあることで安心して運用を開始していただける可能性があります。

▶▶▶ 市場動向に関する情報提供を継続していく

　たとえば、「このところ世界情勢が不安定のため、今は運用しない」と断り文句を伝えるお客様は多いです。そうしたお客様にも、現状のマーケット状況を説明し、「今のような状況の場合、このような金融

商品がよいと思います」とアピールしておきます。経済環境が不安定になればなるほど、「金そのものなどの現物投資のほか、金に投資するファンドも保有しておいたほうがよいかもしれません」と伝えます。

　逆にマーケット環境が良いときには、「株式や株式投資信託がお奨めです」といった話を伝えておくことで、潜在需要を掘り起こします。

　そのとき購入されなくてもよいのです。「あの営業担当者が説明してくれたとおり、状況に応じて検討していけばよいのだな。そろそろやってみるか」。こんなふうに動いていただけるようになればよいのです。最終的に顧客になっていただければよいため、慌てる必要はありません。長い目で見て、こうした開拓も積極的に行っておくと、いずれ花開くでしょう。

▶▶▶ 定期的なアフターフォローで信頼関係を築く

　一方、すでに運用を行っている、もしくは提案により運用を始めたドクター顧客に対しては、少なくとも３ヵ月から６ヵ月に１回程度はアフターフォローのために訪問するべきでしょう。アフターフォローは運用がうまくいっている時はもちろんのこと、うまくいっていない時には頻度を増やして行うことが重要です。

　ドクター顧客も人間です。結局のところ、信用度合いを高めることができるかどうかは、いかに接するかにかかっているのです。直接会うのが難しければ、電話でもZoomなどを活用したコミュニケーションでもよいと思います。その場合には、周囲に話が漏れないように個室で行うなどの配慮が必要です。

　運用がうまくいっている場合には、リバランスにより割高になった金融商品の配分を減らし、割安になった金融商品の配分を高めることを提案してみましょう。リバランスは定番の提案ではありますが、ド

クター顧客のように運用金額が大きくなればなるほど定期的なスイッチングが効果を発揮します。

▶▶▶ 運用がうまくいっていないときこそビジネスチャンス

逆に、運用が芳しくない場合もチャンスと捉えましょう。ここでマーケット状況をいかに説明するか、そして今であればどういった運用商品の配分を高めることが望ましいかをしっかりと説明するのです。

場合によっては、運用者のリスク許容度に応じて損切りも視野に入れる必要があるかもしれません。その場合には、顧客の考え方を重視し、顧客が納得できるようなポートフォリオの再構築を行うべきです。

こうしたアフターフォローは、資産運用だけではなく、住宅ローンや保険なども同様です。家族環境や収入状況、健康状態等は日々変化しますので、それに応じたフォローをいかに行うか。実は、こうしたシンプルでありながらも、継続して行う提案・対応がドクター顧客をはじめとした富裕層には特に好まれる傾向にあります。

［4］土地所有者の場合にはどのような運用を奨めるか

筆者のお客様であるドクターのなかには、代々土地を所有し、その土地に賃貸マンションを建てて運用している方がいます。こうした土地所有者の場合には、どのような運用をお奨めすればよいでしょうか。

▶▶▶ 土地所有者にはまず元本保証型の商品を提案

まず、先祖代々の土地である場合は、土地を手放す発想はよほどのことがない限りないと思います。そして、アパートやマンション経営などを行っている場合には、本業とは別に安定的な収入を得たいとい

う思いが強く、安全志向を好む傾向が強いと考えられます。

　こうしたお客様の場合、彼らの価値観に合わせて、元本保証あるいは元本確保型の運用商品を提示してみてはいかがでしょうか。定期預金の金利上乗せキャンペーンなどがあれば、真っ先にキャンペーン商品を提示してみるとよいでしょう。

　また、現状の不動産投資における利回りについて聞いてみるのもひとつの方法です。「昨今の金利は低くて困っている。不動産ではある程度の利回りが期待できるので助かってはいるものの、金融資産でもある程度の利回りが欲しいな」といった話が出れば、「個人向け国債や国債ファンドで普通預金や定期預金の金利よりは高く運用可能です。さらにということであれば、外債ファンドや金などを複合的に運用し、利回りを高められてみてはいかがでしょうか？」と提案してみましょう。

▶▶▶ 土地所有者の悩み事"固定資産税"から相続へ話題をつなげる

　土地所有者の場合、どうしてもポートフォリオ上、不動産の割合が大きくなり、金融資産の占めるウエイトが低くなる傾向にあります。そのため、日本の不動産市況が良いときは良いときで、彼らは固定資産税が上がることを恐れています。税金をどうやって支払っていこうか悩むこともあります。また、こうした状況下では、相続税評価額も上がります。その対策をどうするのかも検討しておかなければなりません。資産運用という観点から対策を考えるのであれば、家賃収入をしっかり貯めて納税資金を確保するといった提案ができますし、変額年金を活用することで相続対策につなげる方法も提案できます。

　変額年金では、契約者が掛金を支払い、その掛金を運用します。運用期間中に万一の場合には、死亡時の積立金額が遺族に支払われます。

このとき、仮に運用がマイナスとなっていたとしても、一般的に払込保険料相当額は最低保証されるため、目減りはしないという点で安心感を持っていただけると思います。なお、契約者本人が年金として受け取る場合には、運用結果が反映されます。

　万一の場合に遺族が受け取れる死亡保険金に関しては、「500万円×法定相続人の数」に相当する金額分が非課税となります。この資金を相続税の支払いに充てることも可能であるため、運用しながら相続税対策ができるといった点がメリットに映ると思います。

　もちろん、クリニックなども含めて土地は長男、金融資産は次男といった相続資産のバトンタッチ時に、保険金を次男に渡すことで相続対策をすることも可能です。こうしたメリットを土地所有者であるドクター顧客に説明することで、資産運用にも取り組んでもらうきっかけを作っていきましょう。

▶ ▶ ▶ 地方の地価下落に備えてJ-REITによる運用を推奨する

　なお、土地重視のお客様の場合、たとえ土地価格が上昇しても土地を売却するといった選択肢はないことでしょう。注意しなければならないのは、地方の土地所有者の場合、人口減少に伴い地価が下落する可能性のほうが高いため、土地の値上がりといった恩恵を受けることができない可能性があること。だからこそ、所有する土地とは別に、金融資産としてJ-REITを奨めてみてはいかがでしょうか。J-REITは都心など需要のある場所をしっかりと選定したうえで運用を行っていることから、安定的な収入が分配金のもとになること、地価の上昇による恩恵が価格に反映される可能性があるため、売買することで利益を享受できると考えられます。

[5] J-REITは分配金利回りを常に考慮する

　J-REITのメリットは、なんといっても管理する必要がなく、手間がかからないことです。株式と同様に市場で売買ができ、流動性リスクも現物の不動産に比べれば低いです。

　ただし、今後J-REIT投資をドクター顧客にお奨めする場合、分配金の利回りを常に意識しておく必要があります。2020年5月27日段階におけるJ-REITの分配金利回りは、主に3〜7％台であり、平均分配利回りは4.43％となっています。コロナウイルスや地方銀行が決算に合わせて一度売却したこともあり、平均分配利回りはやや上昇していますが、この利回りは世界的に見て高いわけでも低いわけでもありません。

▶▶▶　J-REITは国債とのスプレッドが2％を切ったら要警戒

　なお、国債10年物の利回りとの差（スプレッド）がひとつの目安になりますが、2020年5月27日現在では4.4％超となっており、投資妙味があるといえます。もしこのスプレッドが2％を切るといった状態になった場合には、J-REITへの投資妙味は減ることでしょう。売却を検討する必要があるかもしれません（金融危機前はスプレッドが1％を下回っていました）。こうした点を、事前にきちんとお客様に説明しておきましょう。

　分配金の利回りが低下すれば、年金や金融資産確保の足しにと考えた分配金の投資金額に対する割合が減るため、大きくは期待できないかもしれません。ただその場合でも、キャピタルゲインを考慮すればプラスとなる場合もあることから、トータルリターンで見て、年金の足しになればよいと説明し、場合によっては途中で売却し売買益の恩

恵を享受することも視野に入れてアドバイスを行ってみましょう。

[6] 土地売却に抵抗がない場合もある

　一方、土地を重視しないお客様もお見えです。たとえば、後継者がいないため、いずれは自宅以外は不動産を売却したいというご希望を持つケースもあります。あるいは、親は地方在住であり、子どもは都市部に住んでいるため、土地の相続は管理の面でかわいそうだと思う方もいます。こうしたケースでは、いっそのこと生前のうちに土地を売却し、その金額を別の運用に充て、子どもにバトンタッチしたいという思いが強いです。また、土地売却を積極的に行う気はないものの、ある程度金融資産で保有し土地に偏ったポートフォリオの構成を見直したいと考えるドクター顧客もいます。

　こうしたニーズは、訪問調査で聞き出す必要があります。もし、話のなかで土地売却や資産運用の話が出れば、積極的にアプローチしてみましょう。土地重視のお客様に比べて、「リスクをとってもよい」「メインは預貯金だが、株式投資信託にもいくらか配分したい」、こうした考えを持つお客様も少なくないため、ポートフォリオの再編成をお客様とともに検討していきましょう。

[7] 多額の国債を保有するお客様へのアプローチ

　リスクを取らず、現預金と自宅不動産、クリニック以外は日本国債など債券のみ保有している。かなり保守的にも見えますが、こうしたお客様に株式や投資信託を奨めても拒否反応を示すケースがほとんどです。このようなお客様の場合、何を提案すべきでしょうか。

▶▶▶ 運用に保守的なお客様には物価連動国債を提案

　まず、お客様の現状からいえることは、運用できる資産は現預金と日本国債など債券をメインにしたポートフォリオであるということ。個人向け国債や日本国債を保有し、ほんのわずかではあるものの普通預金に比べればマシな利息を受け取っているという状況です。

　こうしたお客様に向けて、金利の高い商品を提案するのもひとつの方法だとは思いますが、保守的なお客様の場合には、なかなか話に乗ってこないでしょう。であれば、財政出動が行われ、金融緩和も継続している状況を示すとともに、今後物価が上昇する可能性も十分あることを説明しましょう。その対策として物価連動国債ファンドや物価連動国債も検討してみてはどうかと提案します。

　物価連動国債ファンドは、ファミリーファンド方式で運用され、わが国の物価連動国債に投資するファンドです。物価連動国債の特徴は、なんといってもインフレに対応可能であること。元金額や利払い額が物価の動きに連動して増減する国債であり、将来のインフレリスクをヘッジし、資産価値を保つためにはもってこいの国債といえます。

　今後数年間で日本国債や個人向け国債の償還を迎えるというお客様には、その償還資金に対して提案するもよし、「今お持ちの日本国債、特に利付国債や個人向け国債の固定３年・固定５年では、インフレが生じても対応が難しいです」と説明したうえで、物価連動国債ファンドの購入を提案するのもよいと思います。

▶▶▶ 保守的な姿勢はインフレによる資産価値の目減りをもたらす

　保守的なドクター顧客の場合、積極的にリスクは取りたがりません。しかしながら、「リスクを取らないことが逆にインフレにより資産価値を目減りさせるおそれがあります」ときちんと説明すれば、「何か

良い方法はないか相談に乗ってほしい」と話はつながることでしょう。そのときに、物価連動国債ファンドや物価連動国債の話をすれば、国債なのに物価にも対応する点を評価し、購入を検討してくれることでしょう。物価連動国債ファンドは、ファンドを初めて購入する人にとってもわかりやすいですし、投資しやすく、投資金額も大きくなる可能性があります。

　なお、注意点としては、今後経済政策が失敗しデフレに再度突入といったことが生じれば、基準価額が下落する可能性があります。また、満期まで保有せず売買する場合には、常に価格変動リスクが存在します。個人向けの物価連動国債に関しては満期時に元本保証が付いていますので、安心材料になることでしょう。

▶ ▶ ▶ 個人向け国債や金関連ファンドでインフレヘッジ

　このほか、個人向け国債の変動10年で対応する方法もあります。変動金利のため、インフレが生じれば金利も上昇する可能性があります。また、インフレ対応であれば、現物投資として金に投資することも検討できます。もちろん、金関連ファンドなどでもよいと思います。ただし、金投資の場合には利息は付きませんので値上がり益を狙うことになります。お客様に、こうした金融商品のうち、どれに興味があるかを聞いたうえで、インフレ対策や資産保全強化に努めていくとよいでしょう。

＜提案トーク例＞

営業担当者 「そろそろ個人向け国債の満期が近づいてきましたね」

お 客 様	「そうだね。５年前に買ったときはまだ少しは利息が付いたけれど、今や同じ個人向け国債では利率が下限の0.05％では買う気が起こらないよ。まぁ、普通預金よりはマシだけど」
営業担当者	「そうですよね。しかも固定金利ですと、今後物価が上がったときでも金利は変わりませんからね。もしかすると、もらえる金利よりも物価上昇のほうが高く、実質的に資産が目減りする可能性もありますからね」
お 客 様	「世界的な財政出動を見ると、インフレになりそうな気がするよね。そうだとすると、固定金利型の国債はやめておくべきかな。何か良い運用方法はある？　株式などリスクはあまり取りたくはないけれど」
営業担当者	「リスクを取らない方向でしたら、物価連動国債ファンドや物価連動国債はいかがでしょうか。インフレ対応には良い商品だと思います」
お 客 様	「そんなのあるんだ。インフレ対策には良さそうだね」
営業担当者	「あとは世界の先進国債券ファンドなどもいかがでしょうか。日本の現状の金利に比べれば、米国などの金利のほうが高めです。世界的に金融緩和が継続しその結果景気が良くなると、為替、債券価格いずれの面からも基準価額上昇は期待できると思います」
お 客 様	「増やすという観点からはこうしたファンドも検討すべきかな。ちょっと考えてみるよ」
営業担当者	「ありがとうございます」

ドクターの悩み事、多額な相続税の対策と医業の承継対策についてアドバイスする

[1] 相続の実態を知る

　少子高齢化が進む日本。すでに人口は減少しており、これから誰しもが相続を経験し、相続に関する知識が必要不可欠な時代となってきています。金融機関などにおいても、いかに相続をもとにして顧客にアプローチをするかが課題となっています。

▶▶▶ 増加傾向にある遺産分割件数

　そこで、まずは相続の実態について知りましょう。相続と相続税に関する統計情報をまとめた「遺産分割事件と相続税の実態」から、何がいえるでしょうか（**図表45**）。

　ここからいえることは、死亡者数が増加するにつれて遺産分割事件数も増加していることです。ただし、死亡者数に対する割合で算出してみると、遺産分割事件数の割合は、ここ最近1.1％〜1.2％前後で推移しているため、必ずしも家族環境など時代変化に伴う揉め事が原因というわけではないと指摘できます。

　ただし、今後も死亡者数は増加見込みです。それに伴いトータルの遺産分割事件数も引き続き増加するものと思われます。そのため、ドクター顧客に「揉めない対策をいかにしておくか」「先生のご家族が揉めることはないと思いますが、念のため対策をしておきましょう」と伝えておくべきです。

　なお、相続税の課税対象となる件数は、死亡者に対する割合で見る

と2015年に7.98％と急増しています。これは、同年1月に施行された相続税の基礎控除、税率改正などが影響しているものと考えられます。その後はおよそ8％で推移していることから、今後死亡者の1割前後ぐらいは相続税の対象者となることがわかります。ドクター顧客の多くは対象となってくることでしょう。

▶▶▶ 相続税の納付税額の実態を知る

それでは納付税額はどうなっているかというと、バブル期に比べるとまだそこまでには至っていません。バブル期に比べると、現在の相

■ 図表45　遺産分割事件と相続税の推移

	死亡者数	平均余命		遺産分割事件		相続課税		課税額 (億)	納付税 (億)
		男	女	件数	％	件数	％		
1975	702,275	71.7	76.8	5,229	0.74	14,593	2.08	15,120	1,973
1980	722,801	73.3	78.7	6,094	0.84	26,797	3.71	30,215	4,399
1985	752,283	74.7	80.4	6,176	0.82	48,111	6.40	62,463	9,261
1990	820,305	75.9	81.9	8,145	0.99	48,287	5.89	141,058	29,527
1995	922,139	76.3	82.8	9,728	1.05	50,729	5.50	152,998	21,730
2000	961,653	77.7	84.6	10,910	1.13	48,463	5.04	123,409	15,213
2005	1,038,796	78.5	85.5	11,999	1.11	45,152	4.17	101,953	11,567
2008	1,142,407	79.2	86.0	12,768	1.12	48,016	4.20	107,482	12,517
2009	1,141,865	79.5	86.4	13,505	1.18	46,439	4.07	101,230	11,632
2010	1,197,012	79.5	86.3	13,597	1.14	49,891	4.17	104,630	11,753
2011	1,253,066	79.4	85.9	14,029	1.12	51,559	4.11	107,468	12,516
2012	1,256,359	79.9	86.4	15,286	1.21	52,572	4.18	107,718	12,446
2013	1,268,436	80.2	86.6	15,195	1.20	54,421	4.29	116,380	15,366
2014	1,273,004	80.5	86.8	14,987	1.17	56,239	4.41	114,881	13,904
2015	1,290,444	80.7	87.0	14,662	1.13	103,043	7.98	145,714	18,116
2016	1,307,748	80.9	87.1	16,017	1.22	105,880	8.09	163,814	18,680
2017	1,340,397	81.0	87.2	15,706	1.17	111,728	8.33	172,419	20,185

※統計は5年おきに表示。ただし、2008年以降は毎年表示。
（出所）裁判所「司法統計」、厚生労働省「人口動態統計」「平成30年簡易生命表の概況」、国税庁「統計年報」

続税の税率が低いこともありますが、そのほかに地価や株価の下落、制度改正なども影響していると考えられます。

［2］相続税の課税状況を知る

　次に、相続税の課税状況となるケースについて解説します。財務省「相続税の課税状況の推移」を見ると、経済状況によっても異なりますが、ここ最近は被相続人１人当たりの課税価格の金額は1.4億円前後で推移しています（図表46）。

　たとえば、2017年の被相続人１人当たりの相続税額は1,802.7万円なので、課税価格の12.9％が相続税として課されていることがわかります。なお、相続税法改正後は課税基準が下がったこともあり、課税対象者は増えていますが、１人当たり課税金額は下がっています。

▶ ▷ ▷　**課税価格１〜２億円以下なら負担割合は8.1％と低い**

　次に、「相続税の合計課税価格階級別の課税状況等（平成29年分）」を見ると、課税価格が２億円以下のケースが相続税課税の85.8％（95,907件）を占めていることがわかります（図表47）。

　また、課税価格が１億円以下の課税負担割合を見ると、3.5％とかなり低いことがわかります。ここからいえることは、課税割合の平均は12.9％だが、課税価格が１億円や２億円以下の場合に限ると思ったほど課税割合は高くないということです。

　こうした実態をまずはドクター顧客に伝えましょう。たとえば、「相続税の改正により、課税対象者は増加しています。先生も該当することになると思いますが、実際の負担率はそこまで大きくなるわけではありません。とはいえ、実際にどうなりそうか、一度税理士の先生に

試算していただいてはいかがでしょうか」とお話しすれば、安心していただけますし、信頼感を得ることにもつながるのではないでしょうか。また、税理士とタッグを組み、さまざまな対策の提案もしやすくなると思います。

▶▶▶ 課税価格100億円超の超富裕層の税負担は42.8％と高額

ただし、超富裕層の場合は状況が異なります。たとえば、平成29年分では、課税価格が100億円を超えるケースが16件発生しており、その負担割合は42.8％とかなり高くなっています（**図表47**）。

■ 図表46　相続税の課税状況の推移

	死亡者数・課税件数				課税価格		相続税額		
	死亡者数 a	課税件数 b	b/a	被相続人1人当たり法定相続人数	合計額 c	被相続人1人当たり金額	納付税額 d	被相続人1人当たり金額	d/c
1990	820,305	48,287	5.9	3.86	141,058	29,212.4	29,527	6,114.8	20.9
1995	922,139	50,729	5.5	3.72	152,998	30,159.9	21,730	4,283.5	14.2
2000	961,653	48,463	5.0	3.55	123,409	25,464.7	15,213	3,139.0	12.3
2005	1,083,796	45,152	4.2	3.33	101,953	22,579.9	11,567	2,561.8	11.3
2008	1,142,407	48,016	4.2	3.17	107,482	22,384.7	12,517	2,606.8	11.6
2009	1,141,865	46,439	4.1	3.13	101,230	21,798.6	11,632	2,504.7	11.5
2010	1,197,012	49,891	4.2	3.08	104,630	20,971.7	11,753	2,355.7	11.2
2011	1,253,066	51,559	4.1	3.03	107,468	20,843.7	12,516	2,427.5	11.6
2012	1,256,359	52,572	4.2	3.00	107,718	20,489.6	12,446	2,367.4	11.6
2013	1,268,436	54,421	4.3	2.97	116,381	21,385.3	15,366	2,823.5	13.2
2014	1,273,004	56,239	4.4	2.93	114,881	20,427.3	13,904	2,472.3	12.1
2015	1,290,444	103,043	8.0	2.86	145,714	14,141.1	18,116	1,758.1	12.4
2016	1,307,748	105,880	8.1	2.83	147,813	13,960.4	18,681	1,764.4	12.6
2017	1,340,397	111,728	8.3	2.81	155,999	13,962.4	20,141	1,802.7	12.9

（出所）財務省「相続税の課税状況の推移」

（単位：件数、％、億円）

合計課税価格階級区分	件数		納付税額		平均課税価格（a）	平均納付税額（b）	負担割合（b）/（a）
	件数	累積割合	税額	累積割合			
～5千万円	10,189	9.1	64	0.3	4,438	63	1.4
～1億円	56,180	59.4	1,392	7.2	7,114	248	3.5
～2億円	29,538	85.8	3,290	23.5	13,703	1,114	8.1
～3億円	7,782	92.8	2,428	35.5	24,077	3,119	13.0
～5億円	4,766	97.1	3,146	51.1	37,739	6,600	17.5
～7億円	1,575	98.5	2,024	61.2	58,687	12,851	21.9
～10億円	872	99.3	1,790	70.0	82,755	20,525	24.8
～20億円	632	99.8	2,419	82.0	133,415	38,272	28.7
～100億円	178	99.9	2,000	91.9	308,390	112,339	36.4
100億円超	16	100.0	1,633	100.0	2,384,419	1,020,581	42.8
合計	111,728		20,185		13,952	1,807	12.9

（出所）財務省「相続税の合計課税価格階級別の課税状況等（平成29年分）」

　こうしたことから、相続配分に関する対策のほか、相続税の節税対策や納税資金準備対策まで、開業医の先生を中心に幅広く対策を練りアドバイスを行っていくことが重要です。

[3] 預貯金を数千万円以上持っているドクターへのアプローチ

▶▶▶ 相続対策は三つの側面から検討する

　一般的に、相続対策といえば、被相続人の死亡に伴って生じる財産の移転や承継を円滑に行う、すなわち「遺産分割対策」を最も重視すべきといえます。争族とならないようにするためには、分割しやすい財産をいかに多く保有しておくかがポイントです。分割しやすい財産といえば、たとえば現預金、上場株式、国債、生命保険金などが該当します。特に生命保険金は現金と同じ機能を持ち、かつ受取人固有の

財産となるため、遺産分割対策としてよく用いられています。

　ドクター顧客に限ったことではありませんが、富裕層の場合、これ以外に二つの側面でも対策を行っていく必要があります。それは「納税対策」と「節税対策」です。相続税の納付は、原則として現金による納付となります。そのため、預貯金により確保できることが望ましいです。とはいえ、人間いつ死ぬかは誰も予期することができません。もし納税資金を準備する前に被相続人が死亡することになれば、相続人の預貯金から納税資金を確保するか、資産の売却によって確保する必要があります。そういう事態を避けるためにも、生命保険によって納税資金を準備する方法は有効だと考えられます。

▶▶▶ 生前贈与と相続財産評価減も対策のポイントに

　もう一つの節税対策ですが、これは「いかに生前に資産を贈与移転しておくか」と「いかに相続財産の評価を減らすか」という二つの視点から考える必要があります。この場合も、生命保険を活用する方法が検討できます。たとえば、現金を贈与し、贈与された現金で保険料を支払い、万が一の場合に保険金を受け取る仕組みを活用します。

　こうした生命保険の活用は、ドクター顧客の相続対策には必須といってもよいでしょう。必ず関心を示すことになると思います。その関心を現実の対策にいかに落とし込むかが、皆さんにとって重要ポイントであり課題といえます。そのためにも、税理士など専門家に相談しつつ、お客様とともにさまざまな角度から理想的な財産移転をプランニングしていくことが求められます。

契約者	被保険者	保険金受取人	課税関係
相続人	被相続人	相続人	所得税・住民税
被相続人	被相続人	相続人	相続税
被相続人	相続人	被相続人	相続税

[4] 相続対策に用いられる生命保険の契約形態は3パターン

　相続対策で用いられる生命保険の契約形態には、3パターンあります（**図表48**）。この3パターンのいずれを利用するかは、その時の状況や遺産分割・納税・節税のいずれを最重視するかによって異なります。

▶▶▶　「一時所得」扱いの税優遇措置を活用できる

　いずれのパターンも、遺産分割対策や納税、節税対策をにらんだ方法ですが、節税方法が異なります。

　たとえば、契約者を相続人、被保険者を被相続人、保険金受取人を相続人とする場合、生命保険金は一時所得として相続人に対して所得税や住民税が課税されます。

　この一時所得の場合、特別控除50万円を利用できるほか、総所得金額算出時に2分の1にすることができるため、節税につながります（ただし、一時払養老保険、一時払損害保険等保険期間が5年以内であるなど一定の要件を満たすものの差益等については、20.315％（所得税・復興特別所得税15.315％、地方税5％）の税率による源泉分離課税が適用されます）。

　また、保険料を被相続人が贈与すれば、財産移転を行いながら節税対策にもつなげられ、しかも納税資金準備も確保できます。

▶▶▶ 相続税の対象なら「非課税限度額」を活用できる

一方、契約者・被保険者が被相続人、保険金受取人が相続人の場合は、保険金は相続税の対象となります。しかしながら、この場合の生命保険金は、「みなし相続財産」となり、「500万円×法定相続人の数」までが非課税財産となることから、節税対策にもつながります。もちろん、誰に渡すかといった観点からみれば遺産分割対策にもなりますし、納税準備資金として納税対策を兼ねることも可能です。

そのほか契約者を被相続人、被保険者を相続人、保険金受取人を被相続人とするケースが考えられます。この場合、保険金は相続税の課税対象となりますが、被相続人が死亡した時点で相続人が生存していれば生命保険金は支払われません。つまり、生命保険契約は被保険者である相続人が死亡するまで継続しますので、新たに保険契約者と保険金受取人を決める必要があります。そして、新たな契約者が保険契約を引き継ぐ権利を相続することになります。この場合には、それまで被相続人が支払ってきた保険料部分が節税対策へと結びついていますし、その後の契約者を誰にするかで、次の世代の納税対策や遺産分割対策につなげることができます。

以上、相続対策でよく用いられている生命保険の契約形態について解説してきました。こうしたパターンをしっかりと理解し、どういった場合にどんな生命保険の提案をすればよいのか考えていきましょう。

［5］相続対策として個人年金を提案してみる

生命保険の提案パターンは複数存在しますが、ここでは預貯金を数千万円以上持っているドクター顧客への提案アプローチを検討していきましょう。

▶ ▶ ▶ リスク回避志向なら個人年金保険の提案につなげる

　まず、ひとつのアプローチ方法として、昨今の金利情勢を話に織り込んでみてはいかがでしょうか。数千万円以上を預貯金で保有されているドクターの場合、特段他に何もせずに放置している場合が多いです。そのうえで、現在の預貯金の金利には満足していないという不満を持っていたりします。もう少し利回りの良い金融商品はないものかと思いつつ、元本割れは避けたいというのが本音ではないでしょうか。このようなドクター顧客に対して、中長期的な運用を目指す個人向け国債などの提案も悪くはありませんが、もう一歩踏み込んだ話をしてみましょう。

　たとえば「老後資金対策はどのように行っていますか？」と聞いてみましょう。「特に何もしていない」ということであれば医師年金や保険医年金の提案のほか、個人年金保険を提案してみましょう（保険医年金等は生命保険アプローチに詳細を掲載しています）。

▶ ▶ ▶ 資産運用提案から相続・事業承継対策に展開

　さらに話をそこで終わらせずに、開業医にはその後の事業展開をどうお考えか、勤務医や退職したドクターには相続対策をどうお考えかを聞いてみましょう。「個人的な運用も重要ですが、その後の遺産分割対策や納税対策など包括的なアドバイスをさせていただければと思いお聞きした次第です」といえば、「クリニックは長男に承継させようと思っているが、その他の子どもには何を残そうか迷っている」といった事業承継対策の相談にまで発展するかもしれません。

　こうした話にまでつなげることができれば、個人年金保険などの提案をさらにプッシュできることでしょう。個人年金保険は、医師年金などに比べれば運用利回りは低いものの、その上乗せとして考慮でき

るほか、預貯金の金利に比べれば高いため、少しは増やせます。また、事業を継がない子どもたちへの遺産分割にも活用可能です。

　具体的な加入方法は、保険契約者・被保険者・年金受取人を被相続人（ドクター顧客）、死亡給付金受取人を相続人（たとえば次男）とします。もし年金支払開始前に被相続人が死亡した場合には、死亡給付金受取人である次男が死亡給付金を受け取ります。こうすることで、金融資産を次男に厚めに残し、争族対策につなげます。この場合、死亡給付金はみなし相続財産となりますので、「500万円×法定相続人の数」だけ生命保険の非課税枠を適用することが可能です。節税対策にもつなげられます。

▶▶▶ 個人年金保険なら老後資金対策としても機能

　もちろん、ドクター顧客が所定の年齢に達すれば、個人年金を受け取り老後資金対策として機能します。また、年金受取開始後に被相続人であるドクター顧客が死亡した場合には、後継受取人が年金もしくは一時金を受け取ることになります。その際、後継受取人を次男など経営を受け継ぐ者以外の子どもとすることで、争族対策にもつなげられます。

　仮に老後資金対策にあまり関心がない経営者に対しても、その後の相続対策まで含めた提案とすることで、「個人年金保険への加入を検討してもらえる可能性は十分あります。預貯金を数千万円以上保有するドクター顧客の場合、保守的な人が多いため、こうした無理のない、かつ節税や争族対策につながる提案を着実に行っていくことが大事だと思います。

[6] 生前贈与を検討するドクター顧客向けアプローチ

▶▶▶▶ 保険でいかに納税資金を調達するか

　わが国の場合、相続財産のおよそ4割が不動産で占められています。以前に比べると、相続財産のうち少しずつ現預金の保有比率が上がってきている（4割前後）とはいえ、富裕層全般において相続税の納税をどう行うかは大きな関心事といえます。特に、昔から受け継いでいる土地などがある場合には、簡単には手放すことができないため、その他の手段により納税する手立てを考えなければなりません。

　こうしたケースで活用できるのが生命保険です。実際にどれくらいの生命保険に加入していれば相続税の納税に充てることができるのでしょうか。それを考える材料となるのが相続財産完全防衛額です。

▶▶▶▶ 相続税を完納できる相続財産完全防衛額を提案

　相続財産完全防衛額とは、遺産総額から見て生命保険金でどのぐらいカバーしておけば納税面で困ることはないかを試算したものです。たとえば、遺産総額が1億円で、配偶者と子1人のケースの場合、相続税は385万円と計算できます。この385万円を生命保険金でカバーできれば、相続税の納税で困ることがないと判断できます（**図表49**）。

　なお、遺産総額が1億円の場合、配偶者の税額軽減を最大に活用すれば相続税をゼロにすることも可能です（ただし、二次相続時に課税されるため、二次相続も考慮した対策が必要になります）。

　こうして見ると、特に遺産が2億円以上ある場合に本腰を入れて納税面から相続対策を考える必要があります。ドクター顧客の場合、遺産が2億円以上になるケースも多いことから、早め早めに提案も行っ

■ 図表49　相続財産完全防衛額：配偶者と子が相続人となるケース（単位：万円）

遺産総額	配偶者と子1人	配偶者と子2人	配偶者と子3人	配偶者と子4人
8,000万円	0	0	0	0
	235	175	137	100
1億円	0	0	0	0
	385	315	262	225
1.5億円	0	0	0	0
	920	748	665	587
2億円	668	540	487	450
	1,788	1,350	1,217	1,125
2.5億円	2,064	1,429	1,296	1,215
	2,825	2,088	1,800	1,687
3億円	4,075	3,100	2,482	2,193
	4,075	3,148	2,635	2,350
4億円	6,619	5,270	4,612	4,088
5億円	9,522	7,919	6,877	6,192

※配偶者が法定相続分（2分の1）まで相続した場合を想定。ただし、網掛け部分は配偶者の税額軽減を最大限利用した場合の税額を記入。
※早見表の税額は、万円未満を四捨五入している。保険金を受け取った場合に、保険金に課税される部分も考慮してある。そのため、表の金額分保険金が用意できれば、納税で悩む必要がなくなる。

ていきましょう。

▶▶▶ 生前贈与を上手に活用して相続財産を圧縮する

　相続税の納税対策だけではなく、いかに相続財産を圧縮していくかも検討する必要があります。そのための手段として、ドクター顧客に「生命保険料の生前贈与」を提案してみましょう。

　たとえば、遺産総額が5億円、相続人は配偶者と子2人の場合を考えてみます。特に生前贈与を行わなければ、被相続人が死亡した際に納める相続税額は6,555万円となります。

仮に10年後に亡くなると想定して、それまで生前贈与を行った場合はどうなるでしょうか。10年間、毎年子ども2人にそれぞれ310万円贈与するという設定で考えてみましょう。贈与税額は合計で400万円となりますが、贈与の結果、相続財産は4億3,800万円となるため、相続税額は5,275万円となります。つまり、納税額は合計で5,675万円となり、差し引きで880万円節税できることになります。

　このように、贈与税の基礎控除を超えた額の贈与を行うことで贈与税を支払うことになっても、結果的にドクター顧客にとって有効な節税手段となり得るのです。なお、生命保険料に充当する場合は連年贈与が認められるため、こうした方法もうまく活用してドクター顧客に提案するとよいでしょう。

▶ ▶ ▶ 相続時精算課税制度の活用も検討を

　このほかにも、相続時精算課税制度を活用して生前贈与を行う方法も考えられます。この制度を利用すれば通算で2,500万円まで、相続人に対して非課税で贈与を行うことができます。なお、相続時にはその財産は相続税の課税対象となります。

　この制度の特徴は、相続税の課税価格を贈与時の価額で評価するという点です。つまり、今後値上がりが予想される資産（不動産や株式など）の贈与には向いていますが、将来のことは誰もわからないため、なかなか活用されていないのが現状のようです。とはいえ、先に渡すことによって争族防止につなげることも可能であるため、ドクター顧客へのアドバイスのひとつとして、この相続時精算課税制度を提案できるようにしておくべきでしょう。

37. 不動産投資・土地活用アプローチ

アパマン、オフィスビル、駐車場など 活用のメリ・デメを簡潔にアドバイスする

[1] 不動産投資の提案

　デフレ脱却に向けた日本銀行の追加金融緩和もあり、またその後相続税の増税も相俟って、不動産投資を行う人は増加しました。その結果、2013年以降、地価は上昇傾向にあります。もちろん、10年単位で見れば景気の状況次第では地価下落へと変わる可能性もあるわけですが、金融緩和状況下が続く限り、不動産投資は一定の需要が続くものと想定されます。

▶▶▶ **資産防衛＆節税の観点で不動産投資をアドバイスする**

　ドクターのなかには、財テクを得意とする人もいますし、将来の相続対策などをにらんで不動産投資を行う人もいます。そうしたお客様には、資産を守る視点から、資産保全の一環として、また節税といった観点からアドバイスをしていくとよいでしょう。

 不動産投資のセールストーク例

- 東京都心や大阪、名古屋を中心に収益性の見込めるマンションなどへ投資を行ってみませんか。
- 今後、世界的に見て財政出動が続き、その結果インフレになる可能性が高いです。インフレに強い資産のひとつが不動産です。対策を立ててみませんか。

こうした提案をしてみてはいかがでしょうか。すでに地価が上がっているからと躊躇するお客様もいると思いますが、今後国内で期待できる場所といえば、東京などの大都市圏か人口増加が見込める地域しかないといっても過言ではありません。

▶▶▶ 不動産投資ニーズの掘り起こしから融資へと展開

ドクター顧客が不動産投資を行うことを決め、レバレッジを効かせた運用を行いたいとなれば、融資につながります。預貯金の利子がまったくつかない状況をむしろチャンスとするべきだと訴え、利回りに妙味がありインフレ対策にもなる不動産投資を提案する一面があってよいと思います。

その際に、特に不動産投資に興味はあるものの慣れてはないというドクター顧客には、①収益にはインカムゲイン（継続的な家賃収入）とキャピタルゲイン（値上がり益）があること、②節税という観点から、不動産収入から費用を差し引くことができる点をじっくり説明しましょう。

たとえば、不動産投資の場合、投資初年度に登録免許税や不動産取得税といった税金を費用として差し引けます。また、毎年、固定資産税や借入れに伴う建物にかかる金利、減価償却費、管理費、修繕費、火災保険料なども費用として計上することができます。

ほかにも、不動産投資の物件を見に行くための交通費、不動産投資セミナーなどのセミナーに参加した費用、不動産投資のための書籍代なども費用として計上できます。しかも、こうした費用を計上することによって、仮に赤字となる場合には、他の所得（事業所得、給与所得など）と差し引きしたうえで所得税などの税金を計算できます。

この結果、所得税などの節税につなげることが可能です。特に不動

産投資初年度における節税効果が大きく期待できるため、このメリットを活かして不動産投資を行う人は多いです。「収入が急激に増えた年などは不動産投資により節税を図っていくのも一つの手ですね」と伝えてみましょう。良い反応があるかもしれません。

▶▶▶ 団体信用生命保険への加入で保険見直しにつなげる

この不動産投資において、もう一点知っておきたいメリットがあります。それは、融資を受けるため、団体信用生命保険に加入することにより、生命保険の代用機能として利用可能という視点です。ドクター顧客に万一のことがあっても、団体信用生命保険の保険金をもとに借入の残債が相殺されるため、遺された家族に借金が残ることはありません。しかも、家賃収入を残すことができるため、遺族の生活資金源として役立てることもできます。団体信用生命保険に加入することで、以後保険の見直しにより、死亡保障部分の保険料を削減することにもつなげられます。こうしたメリットを理解していただくことで、投資の幅は広がっていくのです。

不動産投資のメリットは、家賃収入があることで不動産価格の下落にもある程度耐えられること、そして節税につながることです。このメリットは、ドクター顧客のように収入が高く安定しているお客様だからこそ享受できるものです。地震対策なども兼ねて、東京、大阪、名古屋などに地域分散投資を行い、資産を守るといった提案も是非してみましょう。

[2] 土地活用方法と注意点をおさえる

ドクター顧客のなかには、代々お医者様で地主でもあるという人も

います。こうした場合には、所有する土地をどう活用すればよいかで悩んでいる人もいます。そこで、お客様のニーズを探りつつ、土地の立地条件や面積等を考慮したうえで、どう利用すべきかを共に検討していきましょう。また、すでに運用を行っている土地も含めて、収益面や相続対策面など総合的な対策を講じていく必要があります。

▶▶▶ 不動産の有効活用提案がメリ・デメをしっかり伝えること

　土地活用方法としては、①アパート・マンション、②オフィスビル、③商業施設、④駐車場などが考えられます。それぞれどういったメリットがあるのか、またどんなデメリットがあるのか、確認していきましょう。そのうえで、どれがお客様にとって活用方法として合いそうなのかを検討していきます。

①アパート・マンション

　土地活用方法で最もオーソドックスな方法です。他の土地活用と比べると収益、安全性、税制面いずれをとってもバランスがよく、安定的な運用を心がけたい土地所有者には適した土地活用方法といえます（図表50）。

　賃貸アパートやワンルームマンション建設に当たって、まず入居者層を想定する必要があります。たとえば、ワンルームなど単身者向けであれば利便性が最重要視されるため、駅から徒歩5分以内や徒歩圏内にコンビニやスーパーがあるかどうかといった点を確認する必要があります。

　一方、ファミリータイプの場合は、居住面で快適かどうか、周辺地域の住環境を重視すべきです。たとえば、駅から近くなくても車での移動がスムーズに行える場所であれば、ファミリー向けに人気を呼ぶ

可能性があります。閑静な住宅街で、ベランダが南向きにとれる立地はより好まれます。周辺に商業施設があるのもプラスで、その際、営業時間よりも品質や価格といった観点で安い、品質が良いお店のほうがより居住にプラスとなり得ます。

このほか、建物のグレードや賃料についても、検討する必要があります。都心や中心部であれば若者向け、ワンルームや1LDKなどが主体となりますし、郊外の住宅地であればファミリータイプ、2LDKや3LDKなどがメインとなるため、その地域の所得水準に合わせて建物のグレードや賃料などを決定することになります。

なお、郊外にある土地でも、近隣に大学などがあれば大学生向けのアパート建設といった需要が見込めますので、チェックを忘れずにしましょう。このように、アパートやマンションは立地条件に見合った入居者層を想定できるため、さまざまな提案が可能となります。

■ 図表50 アパート・マンション経営のメリット、デメリット

メリット	デメリット
・家賃収入という安定収益が得られる（ミドルリスク・ミドルリターン） ・融資により建設した場合、万が一の場合には団体信用生命保険により完済可能 ・物価上昇に伴い賃料上昇、地価上昇が期待できる（インフレ対策） ・ローン活用によるレバレッジを効かすことが可能 ・債務や減価償却費など経費を活用することで節税効果が期待できる ・貸家の評価減といった相続税対策に活用可能	・空室による家賃減少 　⇒立地から建築前にある程度の対策は可能 ・家賃滞納リスク 　⇒入居者審査やサブリースにより回避可能 ・金利上昇リスク 　⇒手元の資金と借入金の比率をどうするか。金利が上昇した場合でもキャッシュフローが確保できる体制が望ましい ・不動産価格変動リスク 　⇒安定運用であればそれほど考える必要がない。むしろ、老朽化した場合の対処などを考えるべき

• 固定資産税、都市計画税の減額措置

		固定資産税	都市計画税
税率		1.4%	0.3%
住宅	戸建て住宅	3年間固定資産税額の1／2を減額	減額なし
	マンション等	5年間固定資産税額の1／2を減額	
土地	小規模住宅用地	評価額×1／6	評価額×1／3
	一般住宅用地	評価額×1／3	評価額×2／3

※住宅の固定資産税減額は、1戸あたり120㎡相当分までを限度とする。
※小規模住宅用地とは、住宅用地で住宅1戸につき200㎡までの部分をさす。一般住宅用地は、小規模住宅用地以外の住宅用地をさす。

不動産取得税	1戸当たり1,200万円を控除したうえで課税される。
所得税	減価償却費や借入金利子などにより不動産所得を圧縮させることが可能。場合によっては赤字計上による損益通算も可能。個人であれば赤字は3年間繰越可能。
相続税	土地は貸家建付地、建物は貸家として評価減が可能。また、小規模宅地等の評価減の適用も可能。アパートやマンション建設のための借入金は、その全額を債務控除できるため、相続税対策としての効果は大きい。

②オフィスビル

　オフィスビルの賃貸需要や賃料水準は景気の波に左右されます。景気拡大期にはオフィス需要は旺盛となり、賃料水準は上昇します。一方、不況期にはオフィス賃料の需要は縮小し、空室が発生する可能性が出てきます。賃料水準も下がる可能性があります。

　このように、アパートやマンション経営と異なり、景気に大きく影響を受けるという特徴があります。好不況に影響を受けにくくしたければ、駅から徒歩1分など立地条件が良いことが必須ですし、オフィス専用ビルであれば、事務所機能の高い地域であることが条件となります。店舗とオフィス併用ビルであれば、商店街や街の状況、商圏範

囲なども考慮する必要があります。

　信頼できるテナントに長期的に利用してもらうことができれば、アパートやマンション賃貸経営よりも期間の長い賃貸が可能となる反面、倒産などが発生すると家賃が入ってこないリスクも存在します。

③商業施設

　商業施設としては、スーパーやコンビニ、ショッピングセンター、ファミリーレストランなどに貸し出す方法があります。商業施設は多様な業種・業態のテナントが入居する可能性があるため、建物の構造や外装などもさまざまなニーズに合った施設建設が求められます。

　商業施設を検討する場合、交通の利便性が高く、居住人口が多い地域であることが重要なポイントとなります。また、その状況下で収益をしっかりと生み出すことができるテナントをいかに誘致するかも重要な点といえます。それには、建設計画当初からテナントを確保する目処が立っていることが望ましいといえ、長期的に見て確実にペイできる賃貸経営が望ましいです。好立地であれば、テナントが支払う保証金も高くなるため、ある程度建設資金を確保することも可能です。

　なお、店舗面積が1,000㎡以上になると大規模小売店舗立地法に基づく届け出が必要になるなど、さまざまな規制がありますので、賃貸借契約書の締結に際しては、貸主に不利にならないよう内容を入念に確認する必要があります。

④駐車場

　駐車場経営は大きく分けると、更地に手を加えた「青空駐車場」と、商業施設やマンションなどに付帯し限られた土地を有効活用する「立体駐車場」があります。いずれにおいても、車の出し入れが容易であ

るといった接道条件を満たしていれば事業展開は可能です。また、借地借家法が適用されないなど、法的制約も少ないので運用はしやすいことでしょう。

　運用方法としては、商業施設や駅から近いなど多くの人が利用する可能性が高い立地であれば、収益性の高い時間貸し駐車場が有効です。一方、住宅地であればアパート経営と同様、安定した収益を目指すべく、月極による駐車場経営が無難といえます。

　青空駐車場であればコストを抑えることができますし、立地条件にもよりますが他の用途に比べて売却も容易です。立体駐車場は青空駐車場に比べコスト高になりますが、狭い敷地面積でも運用は可能です。ただし、運営・管理については専門業者に任せたほうが無難でしょう。専門業者と共に提案を行うといった形がよいと思います。

　リスクとしては、周辺により安い賃料の駐車場ができると、需要がそちらに移る可能性があります。このように賃借人の流動性が高いという点に留意が必要です。

　そのほか、都市部などの駐車場が不足している地域であれば、自治体等による利子補給制度など公的支援がある場合がありますので、そうした情報も把握し地主に伝えるとよいでしょう。

［4］所有する土地を四つに区分けする

　土地活用方法として想定される収益物件の特徴を説明しました。なお、土地活用では「収益を上げる」視点だけが重要というわけではありません。このほかに、「節税」という視点から検討することも重要ですし、土地を「守る」、次世代へ「残す」という視点も重要です。

　したがって、ドクター顧客で土地所有者の方には、「収益を上げる、

節税、守る・残すの観点から、今ある土地・建物を区分けしませんか？」
と提案します。

　この三つの視点のいずれにも該当しない、あるいは他の物件に比べ
て要素が弱いと判断される物件は、「組み替えるべき資産」です。こ
の四つのどれに該当するかを区分けし、相続対策や収益改善などどう
対応していくかをアドバイスしていきましょう。

▶▶▶ **相続対策としては不動産の売却や物納も視野に入れる**

　なお、組み替えるべき資産は、相続対策のアプローチからは売却や
物納を検討します。一方で、収益を上げる方法はないかどうかも模索
します。不動産会社と提携し活用方法を具体的に提案するなど、より
幅のあるコンサルティングができるようにしていきましょう。

Column
‥先行き不透明な世界経済を前にした資産運用の方法は？ ‥

　2020年に入ってからのコロナウィルスのパンデミックは、世界における経済
情勢を不透明にしました。また、8月28日には安倍首相の退陣表明により日経
平均株価が急落するなど、今後世界、日本いずれにおいても経済は不透明感が漂
います。

　こうした先行き不透明感が増すなかで、どのような資産運用の提案が好まれる
のでしょうか？　すでに価格はかなり上がっているものの、世界どこに行っても
資産価値の高い金などの貴金属はポートフォリオの一部に入れるべきであると提
案されるとよいでしょう。また、米国債をはじめとした各国の債券に投資する投
資信託なども魅力が増すことにつながるかもしれません。

　結局、国が発行するもの以上に信用力があるものはありませんから、債券と金
の比率を高めて、この困難を乗り切っていくことが無難に思います。あとは現金
をいかに保有し、いざという時でも狼狽しない状況を作っておくことです。

　ドクターをはじめとした富裕層は、資産防衛に力を入れます。いかにご自身お
よびご家族の資産を守るか。こうした視点に立った場合、守りの姿勢からは現預
金、債券、金の組み合わせを主軸として提案されると好まれることでしょう。

勤務医から、個人開業、医療法人、承継までのステージに合わせた保険をアドバイスする

[1] ドクター向けグループ保険を知る

　全国どこの地域においても、富裕層として対象となるのが開業をはじめとしたドクターです。ドクターはどの地域においても人口に比例するもものの、各地域に分散しています。どの地域でも保険契約においてドクターが顧客となる可能性は大いにあると考えられます。

▶▶▶ 医局中心の強固なネットワークを活用できる

　一般的な会社経営者の場合、どうしてもその時々の流行や景気に経営が左右されます。それに対して、ドクターの場合には好不況には左右されにくいのが経営の特徴といえるでしょう。

　しかも、「この病院は〇〇大学系列」といった具合に、医局を中心に強固なネットワークを活かし安定的に人材を確保することもまだまだ健在です。これは逆に言えば、生命保険の営業マンから見れば、ドクターを一人顧客にできれば、そこからたどって紹介を受け、新たなドクター顧客を開拓することも可能とみることもできます。結びつきが強い点を活かした営業が可能なのです。

▶▶▶ ドクター向けグループ保険は必須知識

　さて、こうした他の職種とは少し異なる特徴を持つドクターマーケットですが、どういった保険を提案していくことがよいのでしょうか。まずは、皆さんが取り扱っているかどうかはさておき、開業医を中心

とした医師・歯科医師が加入できる保険について知りましょう。

　多くの開業医が加入している保険のひとつに、医師会や保険医協会といった職能団体が取り扱う保険があります。たとえば、ドクター向けのグループ保険（団体定期保険）は、医師会、歯科医師会、保険医協会、保険医協同組合で取り扱われています。各団体における保障額の上限目安（各地域により異なる）は下記のとおりです。

- 医師会（医師協同組合）　3,000万円～1億円前後
- 歯科医師会　3,000万円～1億円前後
- 保険医協会　3,000万円～8,000万円
- 保険医協同組合　4,000万円

　この保障金額はあくまで目安であり、地域によって異なりますし、保険医協同組合がない県もあります。仮にドクターがこうした団体のグループ保険に複数加入した場合、1億円～2億円前後加入することも可能です。しかも告知事項が簡素なため、通常の生命保険に加入できないようなケースでも加入できる場合があります。

　資産運用や保険、相続など包括的な提案を行う場合などには、自社で取り扱っていなかったとしても、「こうした有利な仕組みを活用してみてはいかがですか？　そのうえで＋αでうちの保険にも加入していただくと何かあった場合にも安心できますよ」と提案されるとよいと思います。ドクターのために寄り添った提案と感じていただくことがポイントです。

　なお、具体的な保障内容等については、各地域の団体のホームページで確認するほか、顧客であるドクターから資料を見せてもらうことで確認しましょう。

［2］年金制度「保険医年金」が充実している

　ドクター向けのグループ保険は、死亡保障だけではなく貯蓄・老後資金準備の保障も充実しています。たとえば、全国保険医協会が取り扱う「保険医年金」は、月払いの場合、1口1万円（30口が限度）から、一時払いは1人1口50万円（1回の上限が2,000万円）から加入でき、5年以上加入すればいつでも年金を受け取ることができます。

　この保険医年金は、全国で5万3,000人が加入しており、積立金総額1兆2000億円超と日本有数の私的年金です。医師、歯科医師にあった大型年金であり、2020年1月1日現在の予定利率（最低保証利率）は1.259％、2018年度の実績は1.444％でした。

　日本医師会も「医師年金」という名称の年金保険を取り扱っています。基本掛金は月払いが1万2,000円、年払いで13万8,000円で、加算年金保険料は月払いの場合6,000円の整数倍の金額、随時払いは10万円単位となっています。

　多くの開業医が、こうした利回りの比較的高い年金制度で運用することを好み、さらに資金に余裕ができれば一時払いを追加するというケースが多く見受けられます。もし皆さんがこうした保険を取り扱うことができるのであれば、医師会、保険医協会、単医協などの「指定担当者」として活動することは可能です。ただし、担当者として登録を行う必要があります。

▶▶▶ 休業補償や総合医療も要チェック

　このほかにも、団体によっては休業補償保険や総合医療保険なども取り扱っています。まずは各地域の団体が取り扱う保険内容を確認し、

自社商品よりも魅力的であれば団体が取り扱う保険を奨めてみましょう。もちろん自社の商品を販売するのがベストですが、それよりも「この人は信頼のおける人だ。何でも相談したい」と思ってもらえる存在になることのほうが、後々の成績に大きく反映されると思います。

[3] 四つのライフステージに合わせて保険提案を行う

さて、こうしたドクターならではの生命保険があることを理解したうえで、自社で取り扱う保険商品と比較しながら、自社のほうがよい商品や、前記団体で取り扱っていない保険を販売することを検討しなければなりません。そもそも保険の取り扱いをしていない場合には、「先生、医師年金に加入されていますか？」といったお声がけにより保険は団体で加入するように提案するなど情報提供として役立てるとよいでしょう。

▶▶▶ **ドクター・ステージ別の提案保険商品のポイント**

ここでは、ドクターを四つのステージに分け、どんな保険商品が提案しやすいのか、考えていきましょう。

①研修医・勤務医

医師は大学卒業後、研修医期間を経て、大学病院や大学系列の病院に派遣され、専門分野へ羽ばたいていきます。そして、一定期間勤務医として働いたあと、そのまま大学や総合病院に残る、あるいは開業医になるのが一般的です。通常、研修医期間は給与が低く、また勤務医は一般職種と比べて給与は高いものの、あまり時間に余裕がないというのが現実です。

とはいえ、この時期にドクターを開拓できれば、後々上顧客へと発展する可能性は大いにあります。業務が忙しいこともあり、なかなか時間をとってくれないかもしれませんが、貯蓄性の高い保険やガン保険などに関心を寄せてくれるかもしれません。基本的な個人保障は一般のケースと同じですが、保険金額は一般のケースよりも多くなると想定されます。

また、講師、准教授、教授といった肩書きを持つドクターの場合、開業を検討しているケースも少なくありません（特に定年を控えた場合）。その場合には、開業時に資金を確保したいため、貯蓄性商品を中心に提案していくとよいでしょう。一方、勤務医で一生過ごす考えのドクターでも、子どもを医師にしたいと考えているケースはよくあることですので、子ども保険、学資保険などを提案するとよいです。

②個人開業時

個人で開業するケースは、30代〜40代に多いといわれています。通常、新規開業の場合、医療機器の購入などに多額の借入れを行います。皆さんが仮に金融機関の職員であれば、この融資の借入先として指名がくるかどうかが大変重要なわけです。そのためにも、勤務医時代からお付き合いはしておくべきなのです。なお、保険医協会には医師のためのローンがあるので、それを活用するのもひとつの方法です。

前述したとおり、多くの個人開業医が、何かあった場合に備えて、医師会や保険医協会などのグループ保険（団体定期保険）に加入しています。ただし、借入額によっては、これだけでは不足することも想定されますので、10年定期保険や逓減定期保険などでカバーしていく必要があります。また、借入金の連帯保証人に配偶者や身内がなるケースも多く、もしドクターに何かあった場合には身内が借金を返済

していくことになります。それが負担とならないよう、連帯保証人を保険金の受取人とする定期保険などでカバーするといった提案をするのもよいと思います。

　また、年齢的に子どもの教育にお金がかかる時期であり、老後なども見据えて将来に備えて貯蓄に励みたい時期でもあると思います。そうした要望があれば、中途解約が自由で高利回りといえる医師年金や保険医年金を、また万が一の場合に備えて収入保障保険を提案してみましょう。

③医療法人設立時

　医療法人の設立は、節税や対外的な信用力、資金繰りの観点からメリットがあります。とはいえ、どのように設立すればよいのかわからないというケースも多いことでしょう。そこで、皆さんがドクターマーケットに明るい税理士や医業コンサルタントなどと提携し、共に設立に携わることができれば、保険や融資、資産運用などさまざまな面で支援できるようになります。

　医療法人の場合、個人開業に比べて、所得が高くなるほど節税面などのメリットが大きくなります。したがって、個人開業で利益を出していそうな先生をターゲットにアプローチすれば、医療法人設立の相談などが舞い込んでくるかもしれません。

　なお、医療法人のなかでも一人医療法人の数が圧倒的に多いので、医師一人でも設立可能な一人医療法人に対する生命保険の提案方法について触れておきます。一人医療法人の場合、剰余金の配当支払いが認められていないため、どうしても内部留保額が大きくなり、相続時の評価額が高くなりがちです。こうしたリスクを軽減する方法として、役員退職金の準備をお奨めするとともに、契約者を一人医療法人とす

る長期平準定期保険への加入を提案します。

　たとえば、長期平準定期保険は、保険料の2分の1を損金算入することが可能なため、保険料支払時に節税につなげられます。また、理事長であるドクターの勇退時に、解約返戻金を勇退退職金として支払うことで内部留保の圧縮につなげることができます。これにより、相続税評価額の引き下げにもつなげられます。なお、子どもの教育費積立関係は法人契約では準備ができませんので、法人ではなく個人で契約する必要があります。

④医業承継時

　次の世代へのバトンタッチを考えているようであれば、終身保険を提案してみましょう。他の富裕層同様に「相続税支払いに備える」「代償分割交付金の準備」「二次相続対策」といった観点からアプローチします。

　相続税の支払いができなければ、子どもに円滑な医業承継を行うことが難しくなります。また、継がせる子ども以外にも資産（終身保険の保険金など）を残すことで揉め事を減らせますし、二次相続時に相続税がかかる可能性が高いため、相続税支払いに備える狙いもあります。このように、さまざまな観点から目的を説明することで、終身保険の販売につなげてみましょう。

■ 図表52　ドクターへの生命保険の提案例

（前提）
各団体（医師会、保険医協会など）のグループ保険などへの加入を検討している
方、あるいは加入している方に対する追加提案。

提案項目	内容
病気などによる休業補償	・所得保障保険、医療保険・ガン保険、特定疾病保障保険などの提案を行う。
子どもの教育費用確保	・学資保険・子ども保険、収入保障保険、養老保険などの提案を行う。
開業資金（借入）対策	・10年定期保険、逓減定期保険、収入保障保険などの提案を行う。
退職金財源確保	・長期平準定期保険、終身保険、逓増定期保険などの提案を行う。
老後生活資金対策	・低解約返戻金型終身保険、個人年金保険などの提案を行う。
相続税・相続対策	・終身保険の提案を行う。

<＜提案トーク例＞

営業担当者	「いよいよ次の世代にバトンタッチして、経営のほうも順調そうですね」
開　業　医	「私も週2日勤務となり、かなり時間ができたよ」
営業担当者	「お忙しかったですものね」
開　業　医	「ようやく時間ができたから、そろそろ相続対策もしないとな」
営業担当者	「まずは個人でどういった資産があり、どのくらい相続税がかかるのか税理士の先生に試算していただき、その上で相続税対策・相続対策両面を検討していかれるとよいと思います」
開　業　医	「そうだよね。その際には、相続税の支払いに充てるための保険も教えてほしいな」
営業担当者	「もちろんです。税理士の先生と打ち合わせしながら、最適な保障額等保険の提案をさせていただきますね」

著者プロフィール

伊藤亮太 （いとう・りょうた）

　岐阜県大垣市出身。慶應義塾大学大学院商学研究科経営学・会計学専攻修了。在学中にCFP®を取得する。その後、証券会社にて営業、経営企画、社長秘書、投資銀行業務に携わる。2007年11月にスキラージャパン株式会社を設立。現在、富裕層個人の資産設計を中心としたマネー・ライフプランの提案・策定・サポート等を行う傍ら、資産運用に関連するセミナー講師や講演を多数行う。

　著書に『図解即戦力 金融業界のしくみとビジネスがこれ1冊でしっかりわかる教科書』（技術評論社）、『ゼロからはじめる！お金のしくみ見るだけノート』（宝島社）、『あなたの街でも砂金が採れる!?〜令和時代の砂金採り入門〜』（Amazonオンデマンド）など多数。

徹底研究
ドクターマーケット開拓術

2020（令和２）年10月14日　初版発行

著　者 ─────── 伊藤亮太

発行者 ─────── 楠真一郎

発　行 ─────── 株式会社近代セールス社
　　　　　　　　　〒165-0026　東京都中野区新井２-10-11
　　　　　　　　　　　　　　ヤシマ1804ビル４階
　　　　　　　　　電話 03-6866-7586　FAX 03-6866-7596

組版・印刷・製本 ─── 株式会社アド・ティーエフ

装　丁 ─────── 86graphics（松田　陽）